オールシーズン使える髪飾り、アクセサリー

つまみ細工でできるオシャレな小物

誠文堂新光社

はじめに

カラフルな布を小さく折りたたみながら作り上げるつまみ細工は、
小さなアート作品のように、作り手の個性がふんだんに現れます。

つまみ細工そのものの歴史は古く、江戸時代から髪飾りに用いられ、
女性たちを華やかに彩っていました。
着物の柄や色と合わせた布でつまんだかんざしや花ぐしは、
江戸時代の女性たちのオシャレのシンボルでした。

そして時を経て現代、再びつまみ細工が注目されています。
和のイメージだけでなく、洋服や小物に似合うアクセサリーとして、
作家たちの手により、個性豊かな作品が紡がれています。

そこで本書では、つまみ細工の作家であるひなぎくさん、HIMEKOさん、葉ちっくさん
の3人に注目しました。彼女たちの特別な作品の数々を紹介します。
初めての方でも気軽に挑戦できるように、詳細なプロセスを盛り込みました。

小さな布をひとつずつ折りたたみながら、丁寧に貼り付けて作る作品は、
作るほどにその奥深さを実感することでしょう。

2	はじめに
6	始める前に

part 1

7	つまみの基本
8	つまみ細工に必要な道具
10	丸つまみで作る カラフルかんざし
18	剣つまみと重ね剣つまみで作る かんざし、根付け、帯留めの3点セット
26	剣つまみと変形丸つまみで作る 大輪花の2wayクリップ
32	作家さんたちのこだわり作品

Contents

part 2

33	モチーフで楽しむつまみ細工
34	3種類のショールピン
40	バラのストラップ
44	桔梗の2wayクリップ
47	七五三のかんざし
51	椿モチーフの2wayクリップ
54	下がり飾りのピアス (作り方P56)
55	カラフルヘアゴム (作り方P57)
58	半くすの2wayクリップ
60	孔雀のコームピン (作り方P62)
61	デザインバレッタ (作り方P66)
68	ラリエット (作り方P70)
69	プチネックレス (作り方P71)
72	下がり飾りチャーム (作り方P74)
73	お花のヘアゴム (作り方P75)
76	クラシックかんざし (作り方P78)

77	デザインブローチ （作り方P80）
82	剣菊のヘアクリップ （作り方P84）
83	桜モチーフのヘアゴム （作り方P85）
86	うさぎチャームのバレッタ （作り方P88）
87	蝶々モチーフのピアス （作り方P89）
90	剣菊のカチューシャ （作り方P92）
91	バラのカチューシャ （作り方P94）
95	くす玉のかんざしと帯飾り （作り方P97）
96	下がり飾り付き2wayクリップ （作り方P99）
100	バッグチャーム
103	飾るつまみ細工
108	土台の厚紙や布の型紙

本書に作品を提案してくれた作家

ひなぎくさん

琴奏者でもあるひなぎくさんは、着物や襦袢のアンティーク布をメインに髪飾りを作ります。ピンとクリップがセットになった2wayクリップにお花モチーフを作る、オリジナルのつまみ細工に定評があり、本書でも作り方を紹介しています。
http://ameblo.jp/tsumamizaiku/

HIMEKOさん

簪（かんざし）作家として、個性ある作品を提案するHIMEKOさん。大中小とさまざまなサイズのかんざしは、大胆な色使いが人気です。幾重にも布を重ねたこだわりのかんざしは思わずため息が出るほどの美しさです。
http://www.himeko-silkart.com/

葉ちっくさん

着物にも洋服にも似合う可愛らしいデザインを製作。初心者でも確実に完成度が高い仕上がりができるように、洗濯バサミを活用したオリジナルのつまみテクを提案。ワークショップ開催やオーダーメイドも受け付けています。
http://yo-chick.ocnk.net/

～始める前に～

つまみの種類　布の折り方や布の枚数によって、形に違いがでます。

[丸つまみ]　　[重ね丸つまみ]　　[剣つまみ]　　[重ね剣つまみ]　　[変形丸つまみ]

知っておきたいテクニック 1

布の切り方　つまみに使う布を切る時のコツを紹介します。

1　*2*　*3*

1. シャープペンまたは細めのチャコペンで切り線を引く。定規を当てながら、引くとスムーズ。
2. 線に沿って切る。布を持ち上げないで、ハサミをテーブルに沿わせるように切るとまっすぐに切れる。
3. 切った状態がこちら。多少ガタガタになっていても問題なし。このまま折りたたみ、つまみを作ります。

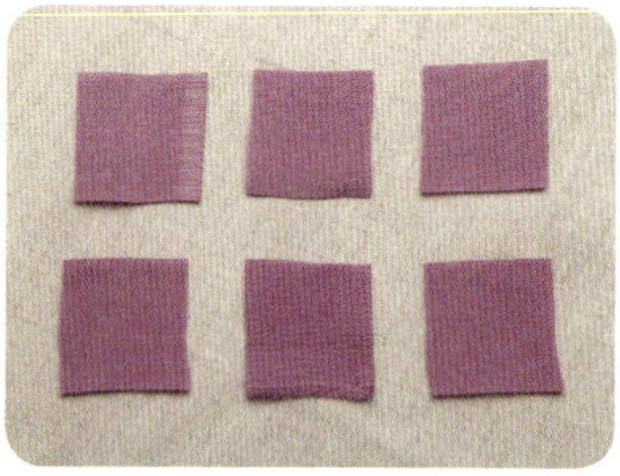

知っておきたいテクニック 2

端切り　つまみの高さを変えるテクニックが端切り。底辺から1/4〜1/3の位置から切るのが定番です。花のボリュームや丸みが押さえられるので、印象も変わります。

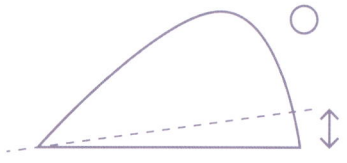 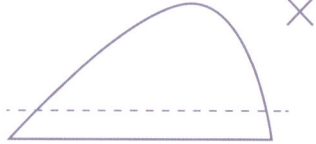 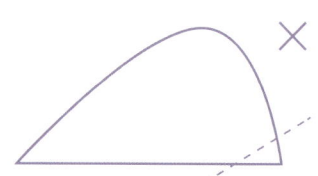

全体に対して底辺から1/4〜1/3の位置で切る。

part 1
つまみの基本

master the fundamentals

{ つまみ細工に必要な道具 }

基本の9つ道具

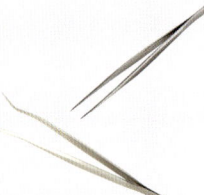
ピンセット
使いやすいのは先が細く、持ち手が長いピンセットです。

ヘラ
のりを容器から取り出したり、板の上に伸ばす時に使います。

のり板
のりを伸ばしておくための板。かまぼこ板やゴム板で代用もOK。

でんぷんのり
つまみを土台に貼り付ける時に利用。市販されているでんぷんのりを使います。

洗濯バサミ
つまみの形を固定させたり、土台を押さえるなど、作品作りに活用します。

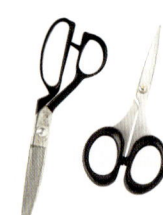
ハサミ
布を切る用です。繊細な絹素材を切るには、先が細いハサミが便利です。

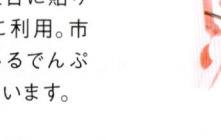
ボンド
土台やビーズを貼り付ける他、つまみ自体の固定に使うことも。様々な種類を揃えておくと便利です。

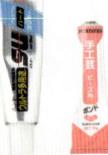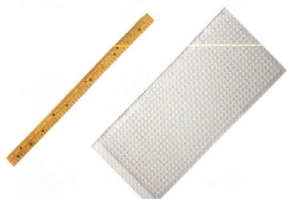
ものさし
つまみに使う布に当てながら、布を切ります。

チャコペン
つまむ位置を印つけるのに使います。消えるタイプのチャコペンを選びましょう。

さらに、あると便利なのはこちら

グルーガン
つまみ細工をカチューシャやバレッタなどの髪飾りパーツに接着する時に使います。

おしぼり
手についたでんぷんのりやボンドを拭きます。

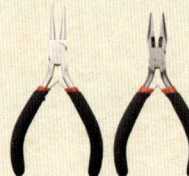
ヤットコとラジオペンチ
丸カンやカニカンを付ける時に使います。

テンプレート
台紙の厚紙や布を切る時に使います。画材屋で購入できます。

カッティングボード
土台用の厚紙を切る時に下に敷いて使います。

手袋と指サック
手にボンドやのりが付かないようにカバーします。

両面テープ
土台の台紙と布の接着用に。幅の細いタイプが便利です。

土台に使うパーツ

本作品で使用、または一般的なつまみ細工の髪飾り、アクセサリーに使用する土台パーツを集めました。これらは手芸店などで購入できます。1：かんざしコーム 2：バレッタ 3：ヘアクリップ 4：カチューシャ 5：かんざし 6：ピン。平らな土台付きが便利です 7：ピン 8：帯留め 9：スチロール球。半分に切って、半くすの土台に使います 10：ブローチ

つまみに使う布

by　HIMEKOさん

「スカーフや着物の裏地など薄い絹をつまみ細工に使うと、洋服にも合わせやすい作品に仕上がります。絶妙なトーンの色合いも魅力です。パステル同士の組み合わせや、それに黒を入れて引き締めるとオシャレになります」

by　ひなぎくさん

「大胆な柄の着物は、使う部分によって色や柄の出方が変わり作品に奥行きが出ます。よく使うのはアンティークの着物です。小さく切ってたたむと、思いもよらなかったキレイなグラデーションの作品に仕上がります」

つまみに飾るパーツ

by　葉ちっくさん

「カラフルなビーズやリボンにタッセルなど、どんな手芸パーツもつまみ細工にはよく合います。つまむ布が着物など和のテイストでも、あえて組み合わせてみると意外としっくりきます。大きさをいろいろ揃えておくと、便利ですね」

丸つまみ で作る

カラフルかんざし

by 葉ちっくさん

着物に合わせたいかんざしはとってもカラフル。
いろんな色を使っている分、どんな着物にも合わせやすくなります。
下がり飾りはあえて真っ白の布だけで作ると、より清楚なイメージに仕上がります。

カラフルかんざしの作り方

▶ 土台用の型紙はP108〜にあります。

用意する材料

＜丸つまみに使う布＞
2cm四方×①6枚(ストライプ)
2.5cm四方×②6枚(黄色)、③7枚(モスグリーン)、
　　　　　　④1枚(レモンイエロー)、⑤6枚(白)、
　　　　　　⑥4枚(ストライプ)、⑦4枚(紫)
2.8cm四方×⑧12枚(白)
3cm四方×⑨6枚(紫)
※①⑨各1枚、⑧2枚は土台用布に使用

⑩土台用厚紙
　　直径1.5cm、2.5cm×各1枚、2cm×2枚
⑪ワイヤー(24番)10cm×3本
⑫ワイヤー(22番)10cm×2本
⑬かんざし金具1個
⑭花座3個
⑮シルバービーズ2個
⑯パールビーズ3個
⑰Tピン2個
⑱丸カン2個
⑲カニカン2個
⑳リリアン28cm×1本
その他：糸80cm×2本

Step 1 土台を作る

1

丸つまみに使う布①、⑧、⑨と土台用厚紙で土台を作る。

2

厚紙にボンドを薄く塗る。楊枝を使うと薄く伸ばしやすい。ボンドをべったりと付けてしまうと、布に染み出てしまうので注意。

3
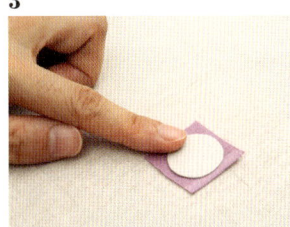
ボンドを貼った面を下にして、布の中央にのせる。

4

厚紙4枚をすべて布に貼った状態がこちら。

5
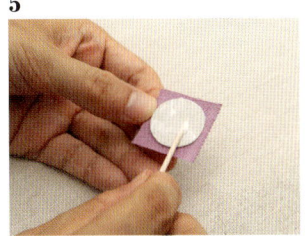
ボンドが乾いているのを確認してから、厚紙にボンドを薄く塗る。

6
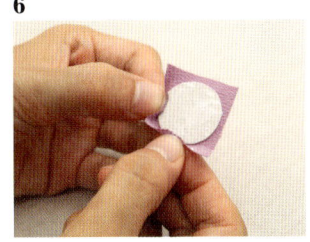
布の4辺を内側に折り、厚紙に貼り付ける。

7
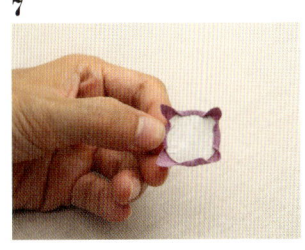
すべて折った状態がこちら。

8

布の角も内側に折り込む。

9

これで土台の出来上がり。布を折り込んだ面につまみを置く。

KIHON no tsumami

Step 2 土台にワイヤーをつける

1

ワイヤー⑪を土台の軸に使う。一番小さな土台は花びらを重ねる用なので、軸は作らない。

2
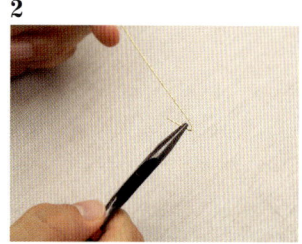
ワイヤーの先端から1cmをUの字に曲げる。

3

折り目をペンチで挟み、人指し指でワイヤーを押さえながら力を入れて、針金を90度に曲げる。

4

3から、指を下に押すことで、ペンチで挟んだ部分のワイヤーをさらに曲げる。

5
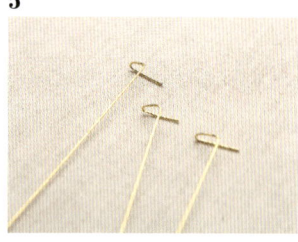
3本とも折り曲げた状態がこちら。

6

土台の中央に目打ちで穴を空け、ワイヤーを通す。

7

ワイヤーを曲げた部分がストッパーとなり、土台を固定させるためにボンドをつける。

8

小さく切った布（分量外）を上に貼り、ワイヤーが見えないようにフタをする。

9

3つできた状態がこちら。

Step 3 丸つまみ をつくる

1

布⑨で5つの丸つまみを作る。まずは、楊枝の先を使って、1角にボンドを少量つける。

2

ふたつ折りし、三角形にする。

3

真ん中をピンセットで挟む。

4

半分に折る。さらに小さい三角形ができる。

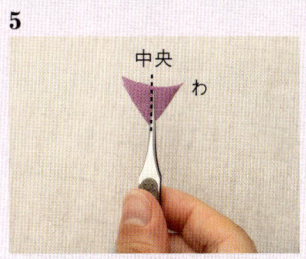

5

ピンセットを抜き、三角形の中央線よりもややわ寄りに挟み直す。

Point

ピンセットで挟む時は、上の1辺に対して垂直にする。1辺と平行に挟むと、歪んでしまうので気をつけよう(写真はNG例)。

6

わの逆サイドを開き、わに向かって折る。

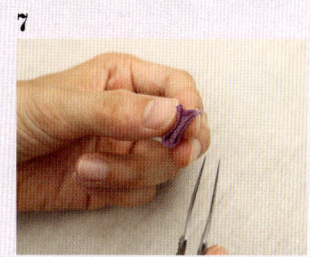

7

折った状態を指で押さえてキープしながら、ピンセットを抜く。

8

つまんだ先端にボンドをつけて形を固定する。ボンドは楊枝の先でつけるとスムーズ。

9

ボンドをつけた部分を指でつまみ、クセづけする。

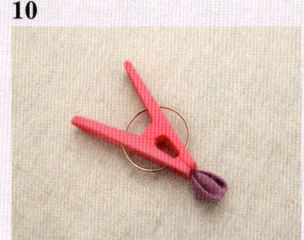

10

ボンドが乾くまで洗濯バサミで固定しておく。

Point

ボンドをつけすぎると、丸つまみ本来の丸みが出なくなるので注意。左がボンドを付けすぎた例。

11

布⑨で5個の丸つまみの出来上がり。

Step 4 つまみを土台に貼る

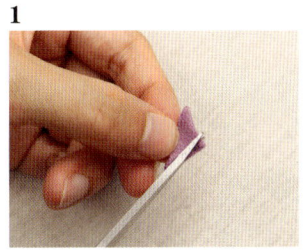

1

丸つまみの底辺から1/4程の位置で端切りする。

2

布①で丸つまみを5個作る。

3

布①を貼り付けた土台の裏にボンドを塗る。

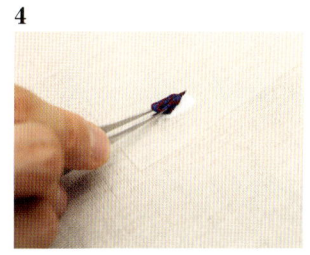

4

布①の丸つまみにボンドをつける。つまみの下部分全体にまんべんなくつけるのがポイント。これは布のほつれ止めにもなる。

5
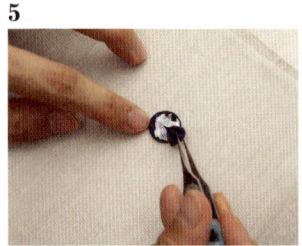
土台の中心につまみの先端を合わせて貼る。1個ずつ順に、間隔を空けずにのせていく。

6

5個の丸つまみを土台に貼り付けた状態がこちら。

7

布⑨を貼った土台に、同じ色の丸つまみを1個ずつ貼る。

8
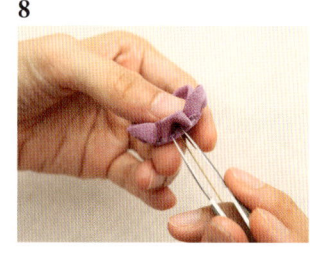
6と同様に5個貼って花を作ったら、ピンセットで折り目を広げる。花びらの中心を指で押さえると安定してスムーズにできる。

9

出来上がり。折り目を広げた分、ふんわりとした丸みのある花に仕上がる。

10

花の中央にボンドをのせる。

11

6を貼り付ける。

Step 5 重ね丸つまみ をつくる

1

布③と⑧で重ね丸つまみを作る。1角にボンドをつけて、三角に折って固定させる。

2

布⑧を下にして2枚を重ねて、ピンセットでつまむ。

3
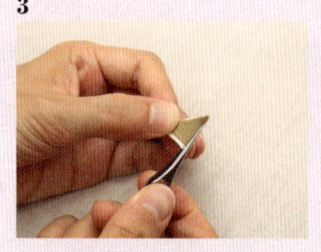
布③が表になる様に半分に折る。

4
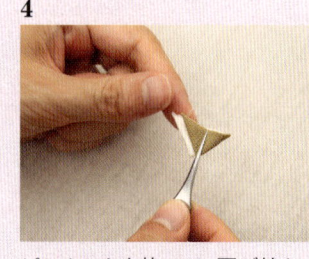
ピンセットを抜いて、再び挟む。挟む位置は中心よりやや右、布③の中心がイメージ。

5
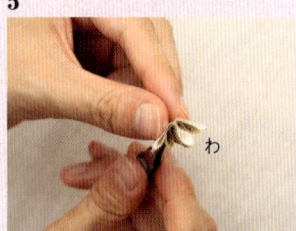
丸つまみと同じ要領で、わの逆サイドをわに向かって折る。

6
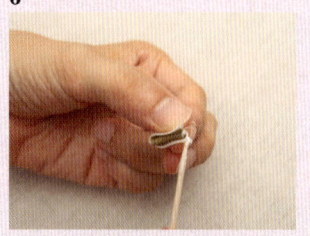
ピンセットを抜いて、形を固定させるために、つまんだ布の先端にボンドをつける。

7

ボンドをつけた部分を洗濯バサミで挟み、乾くまで置いておく。

8

ボンドが乾いたら、洗濯バサミを外し、底辺から1/4程の位置で端切りする。5個すべてできた状態がこちら。

9

布⑧を貼った土台の中心につまみの端を合わせながら貼って花を作る。布⑧と布②で4個、布⑧と布④で1個の重ね丸つまみを作り、同じ様に貼って花を作る。

Step 6 飾りパーツをつける

1

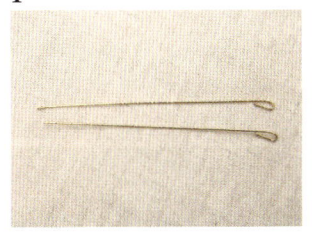

ワイヤー⑫の先端をヤットコで曲げて、0.8cmほどの輪っかを作っておく。これが下がり飾りをひっかけるフックとなる。

2

花についたワイヤーを土台から2.5cm程の位置で、指で曲げて少し角度をつける。

3

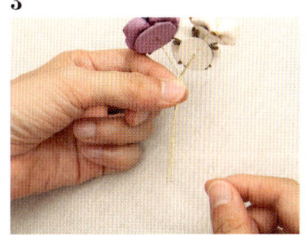

2の3本を束ねて、80cmの糸を半分に折ってひっかける。

4

2でつけた折り目の位置で、糸をぐるぐると5～6回巻き付ける。

5

4の糸をワイヤーの間に通して、巻き付けた部分を固定させる。

6

1のワイヤーは、輪っかから2.5cm程の位置で曲げ、**5**で糸を巻き付けた位置と合わせる。

7

5の糸で再び巻き付けてから、ワイヤーの間に通す。さらに、合わせ目から2cmほどをキツく巻き付ける。

8

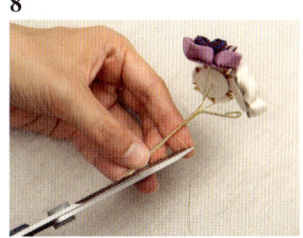

最後に再び、ワイヤーの間に糸を通して固定させてから、糸端を1cm残してハサミで切る。

9

糸を巻き付けた部分以外のワイヤーをペンチで切る。

10

花の中心にボンドをつけて、花座を貼る。

11

花座が乾いたら、花座にもボンドをつけてパールビーズを貼る。

12

これでメインの飾りの出来上がり。

Step 7 下がり飾りを作る

1

リリアンにアイロンをかけて平らに整える。ねじったりよれたりしているとキレイに仕上がりにくくなるので注意。

2
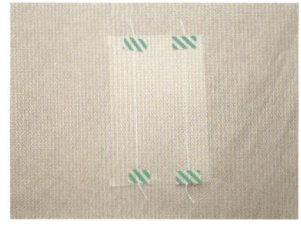
1を半分に切って、下敷きやクリアファイルにマスキングテープで貼り付け、固定させる。

3

残りの布で丸つまみを作る。つまみを裏に返し、裏面にボンドをつけて両端を貼り合わせて洗濯バサミで挟む。

4

貼り合わせた状態がこちら。右が表で左が裏。

5

丸つまみをリリアンに飾る位置を決める。2個ずつ好きな色合わせで4段配置したら、一番下は1個飾る。

6

3で閉じた部分にボンドをつける。

7

丸つまみを2個ずつリリアンの上に貼る。2個のつまみでリリアンを隠すように貼るのがポイント。

8

7mm程の間隔を空けて、すべて貼った状態がこちら。最後の1個は向きを変えて貼り付ける。

9

シルバービーズにTピンをさして、ヤットコで90度に曲げる。

10

曲げた部分を輪っかにしておく。

11

輪っかをリリアンに通し、リリアンの端を一番下の丸つまみの位置に合わせて、リリアン同士をボンドで貼り合わせる。余ったリリアンの端はボンドが乾いてから切る。

12

リリアンの上部分はふたつ折りにして輪っかを作り、端を一番上の丸つまみの裏でボンドで貼り合わせる。

13

丸カンで12で作った輪っかとカニカンをつないで、下がり飾りの出来上がり。

Step 8 かんざし金具につける

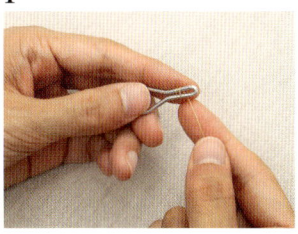

1
80cmの糸を半分に折ってかんざし金具に通し、3回程巻き付ける。

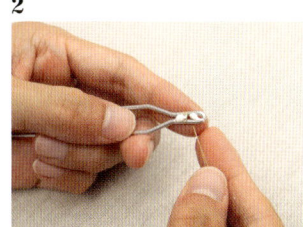

2
かんざし金具の上にボンドを乗せる。

3
飾りパーツをボンドの上に乗せる。下がり飾り用のワイヤーが必ず下にくるように乗せること。

4
1の糸をぐるぐると巻き付けてかんざし金具と、飾りパーツを合わせる。

5
巻き終わりの糸端にボンドをつけて固定させる。

6
ヤットコで少し曲げながら角度をつける。

7
下がり飾りを付けて、出来上がり。

色合わせを変えても可愛い

剣つまみと重ね剣つまみ で作る

かんざし、根付け、帯留めの3点セット

by HIMEKOさん

ナチュラルカラーでまとめた色合わせが新鮮！
和の小物でも色合わせ次第で今っぽいテイストに仕上がります。
つまむ数が少なくできるから、初めてのつまみ細工におすすめです。

3点セットのかんざしの作り方

▶ 土台用の型紙はP108〜にあります。

用意する材料

＜剣つまみに使う布＞
1.9cm四方×①4枚（水色）
2.7cm四方×②4枚（水色）

＜重ね剣つまみに使う布＞
1.9cm四方×③2枚（ピンク）、④4枚（白）
2.3cm四方×⑤2枚（茶）、⑥4枚（白）
2.7cm四方×⑦2枚（ピンク）
3.1cm四方×⑧2枚（茶）

⑨土台用厚紙3cm四方×3枚
⑩土台用布5cm四方×2枚
⑪かんざし金具1個
⑫花座1個
⑬ビーズ1個

Step 1　土台を作る

1

土台用厚紙の3枚のうち1枚の角から1.5cm内側を縦にまっすぐ切る。

2

1ともう1枚の土台の角を重ねて、ボンドで貼り合わせる。

3

3枚目の土台用厚紙はそのままにしておく。

4

土台用布の裏面にスプレーのりをかけて、中央に土台用厚紙を貼る。

5

土台用布の4角を1cmずつ切る。

6

土台用布を、土台用厚紙の角にしっかり貼り合わせてから、厚紙の表へ折る。

7

逆サイドも同様に折る。

8

上部分も同様に折って、2枚の土台ベースの出来上がり。

9 土台用厚紙を2枚重ねた方の厚紙が重なっていない部分に、ボンドをたっぷりとつける。

10 かんざし金具の頭部分をボンドの上にのせる。

11 2枚の厚紙が重なっていない部分にさらにボンドが行き渡るように、ボンドを伸ばす。このままボンドが乾くまで置いておく。

12 ボンドが乾いたら、外周と中央に十字でボンドをつける。

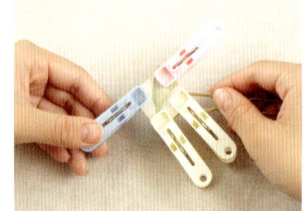

13 もう一方の土台を貼り合わせる。

14 洗濯バサミで挟んで、半日以上乾かす。

Step 2 剣つまみを作る

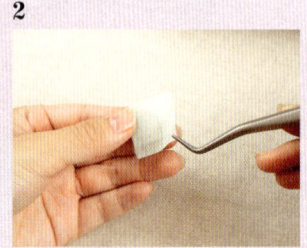
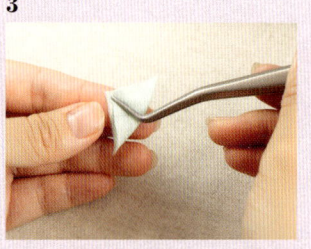
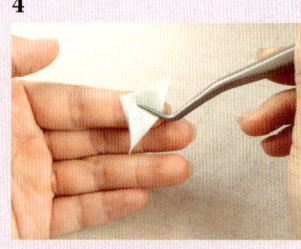

1 板の上に、でんぷんのりをたっぷりとのせる。ヘラで5mmぐらいの厚さになるように平らに伸ばす。

2 布①で4個の剣つまみを作る。角をピンセットでつまみ、その対角線上の角を指で支える。

3 半分に折り、ピンセットで押さえる。

4 真ん中の位置をピンセットで挟む。

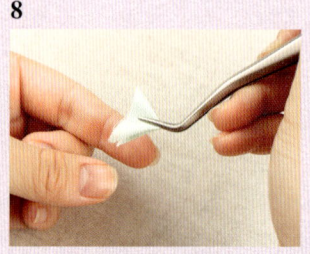

5 ピンセットを人指し指に押し当てながら、上部分を手前に倒しふたつに折る。

6 折った部分を親指で押さえる。

7 ピンセットを引き抜き、親指と人指し指で折った状態をキープする。

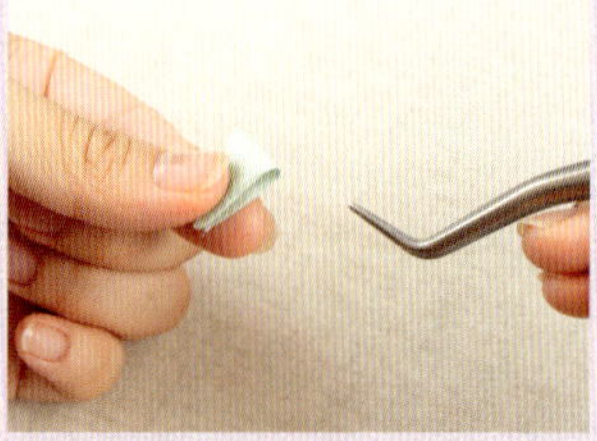

8 再び、三角形の角をピンセットでつまむ。

9 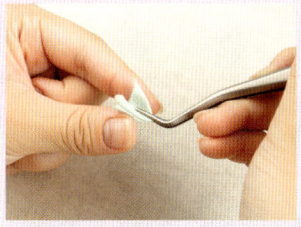 人指し指と親指で、三角形の両端を挟み、角と角を合わせる。	10 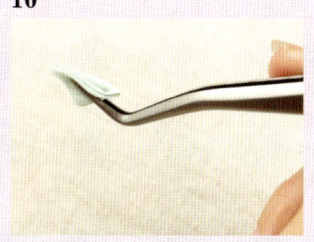 ピンセットを引き抜き、折った部分を固定させるようにピンセットで挟み直したら、剣つまみの出来上がり。	11 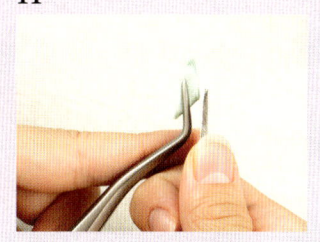 底辺から2mmの位置で端切りする。	12  剣つまみの先端にのりをつける。
13  指でつまみながらなじませて、折りたたんだ形がくずれないように固定させる。	14  のりを引いた板の上にのせる。	15  土台に配置するまでこのままの状態で置いておく。	16  布①、②で剣つまみを4個ずつ作った状態がこちら。

Step 3 重ね剣つまみ を作る

1  布⑦と⑧で重ね剣つまみを作る。布⑧の1角をピンセットでつまみ、その対角線上を人指し指と親指で支える。	2  縦に半分に折る。折り目の真ん中をピンセットで挟む。	3 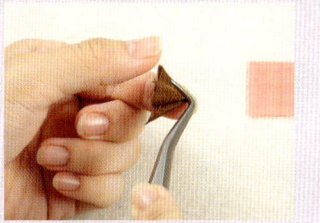 ピンセットを手前に回転させるように、半分に折る。	4  折った部分を人指し指と親指で挟む。
5  ピンセットを引き抜き、折り目をキープするようにピンセットで挟み直す。	6 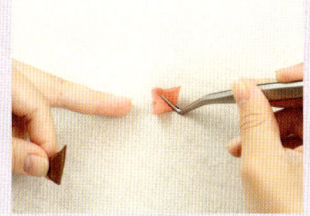 ピンセットを布⑧から外し、人指し指と親指で挟んでおく。布⑦をピンセットで半分に折る。	7  布⑦の折り目の真ん中の位置をピンセットで挟みながら、さらに半分に折る。	8  折り目を中指で押さえながら、ピンセットを引き抜く。

9	10	11	12
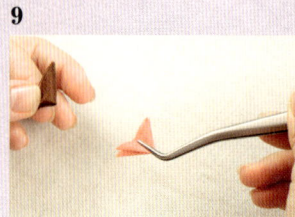	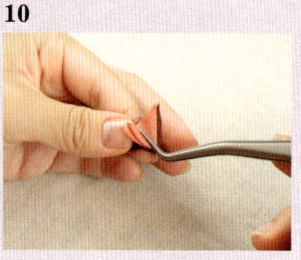	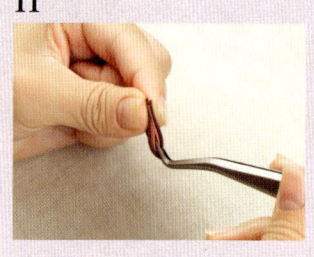	
折り目の真ん中をピンセットで挟み直す。	布⑧の上に、布⑦を重ねる。	重ねた2枚の真ん中をピンセットで挟み、ふたつに折る。折った先端を人指し指と親指で挟む。	ピンセットを引き抜く。

13	14	15	16
		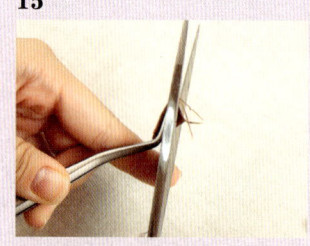	
2枚の重なりがずれている部分があれば、ピンセットでつまみながら整える。	重ね剣つまみの出来上がり。	底辺から4mmの位置で端切りする。	重ね剣つまみの先端にのりを少しだけつける。

17	18	19

指でなじませて、折りたたんだ部分がほつれないように少し固定させる。	のりを広げた上に置く。	布③と⑤で、布④と⑥でそれぞれ重ね剣つまみを作り、同様にのりの上に置く。

Step 4 つまみを飾る

1	2	3	4

チャコペンで中心位置に印をつける。2cm程の十字を書いておく。	布⑦と⑧で作った重ね剣つまみの先端を中心に合わせながら、十字の線上に貼る。	対角線上に同様の重ね剣つまみを貼る。	布③と⑤で作った重ね剣つまみを、残りの十字の線上の貼る。

5

4個の重ね剣つまみを貼った状態がこちら。

6

布②で作った剣つまみ4個を、重ね剣つまみの間に貼る。

7

4個の剣つまみを貼った状態がこちら。

8

布④と⑥で作った重ね剣つまみを**7**で貼った剣つまみの隣に1個ずつ、計4個貼る。

9

4個の重ね剣つまみを貼った状態がこちら。

10

布①で作った剣つまみを**9**で貼った重ね剣つまみの隣に1個ずつ、計4個貼る。

11

4個の剣つまみを貼った状態がこちら。

12

ビーズにボンドをつけて、花座の中に入れて貼り付ける。

13

花座にボンドをつけて花の中央に貼り付ける。

14

出来上がり。つまみを配置する順番は、時計回りではなく、対角線上に置いていくと、バランス良く仕上がる。

3点セットの根付けの作り方

用意する材料

<剣つまみに使う布>
2.3cm四方×①4枚（水色）

<重ね剣つまみに使う布>
2.3cm四方×10枚
（②ピンク2、③白8）
2.7cm四方×12枚
（④ピンク2、⑤茶2、⑥水色8）
3.1cm四方×⑦2枚（茶）

土台用スチロール球（2cm）×1個
土台用厚紙直径2.4cm×1枚
土台用布5cm四方×1枚
ひも適量
根付けプレート1個
チェーン5cm
丸カン2個
ビーズ1個
花座1個

▶ 土台用の型紙はP108～にあります。

土台の作り方

1

2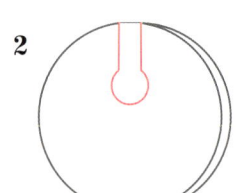

3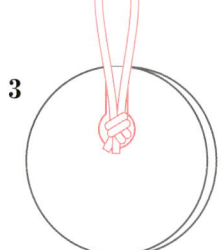

4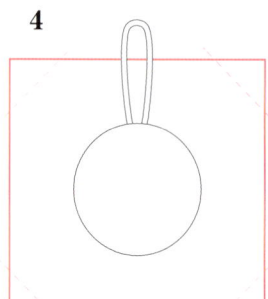

5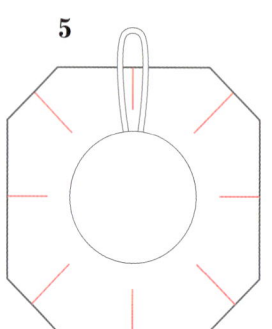

作り方

1
スチロール球を半分に切り、切った面に軽くやすりをかけて表面を整える。ひもは2cmぐらいの輪になるようかた結びし、結び目から余分なひもを切っておく。

2
スチロール球にひもの結び目とひもが入るようにデザインナイフでくりぬく。

3
くりぬいた穴にボンドを入れて、ひもを入れこむ。ひもの輪っかに丸カンがつけられるか確認する。万が一、輪っかが小さい場合は、一度取り出し、再びやり直す。土台用厚紙にボンドをぬり、スチロール球と貼り合わせる。

4
土台用布の裏面にスプレーのりをつけて、**3**を中央に置く。布の4角を1cmずつ切る。

5
スチロール球に向かって、等間隔に8カ所切り込みを入れる。

6
ひもの部分にはかからないように、スチロール球を布でくるむように内側に折り込みながら貼り付ける。

7
布①で剣つまみ4個と、4種類の重ね剣つまみ12個を作る。重ね剣つまみの布の組み合わせは、⑦×④2個、⑤×②2個、⑥×⑥4個、③×③4個

8
①～⑯の順番でつまみを土台に貼り付ける。

9
ビーズにボンドをつけ花座に貼り付ける。その花座にボンドをつけてつまみの中央に貼り付ける。

10
チェーンの両サイドに、土台のひもと根付けプレートを丸カンで付けたら出来上がり。

8

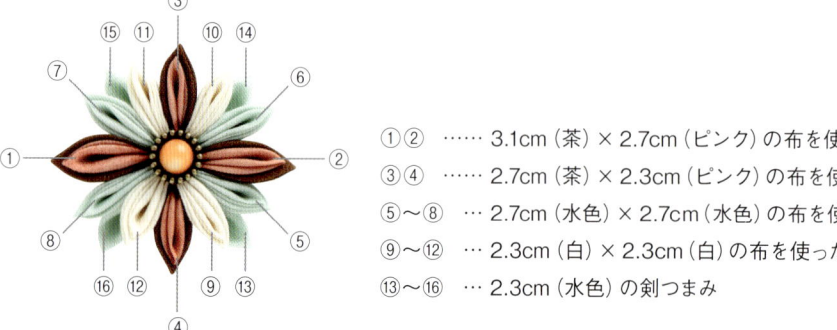

①② …… 3.1cm（茶）×2.7cm（ピンク）の布を使った重ね剣つまみ
③④ …… 2.7cm（茶）×2.3cm（ピンク）の布を使った重ね剣つまみ
⑤～⑧ …… 2.7cm（水色）×2.7cm（水色）の布を使った重ね剣つまみ
⑨～⑫ …… 2.3cm（白）×2.3cm（白）の布を使った重ね剣つまみ
⑬～⑯ …… 2.3cm（水色）の剣つまみ

3点セットの帯留めの作り方

用意する材料

＜剣つまみに使う布＞
1.5cm四方×①4枚（水色）
1.9cm四方×②4枚（水色）

＜重ね剣つまみに使う布＞
1.5cm四方×③2枚（ピンク）
1.9cm四方×④2枚（茶）
2.7cm四方×⑤2枚（ピンク）
3.1cm四方×⑥2枚（茶）

土台用厚紙4.3cm×1.3cm×2枚
土台用布6.5cm×3cm×1枚
帯留め金具1個
花座1個
ビーズ1個

▶ 土台用の型紙はP108〜にあります。

土台の作り方

3

4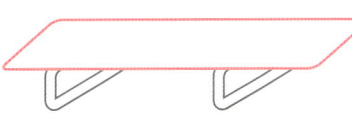

5

8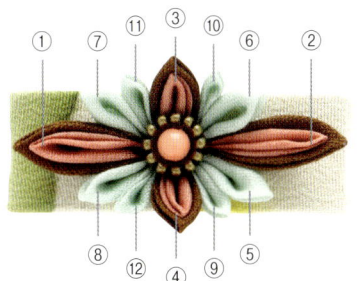

作り方

1
2枚の土台用厚紙をボンドで貼り合わせる。

2
土台用布の裏面にスプレーのりをつける。**1**を中央に置き、角から0.5cmの位置で4角を切る。

3
布を上下、左右の順番に内側に折り込みながら厚紙に貼り付ける。

4
帯留め金具に強力接着剤を付け、**3**で折り込んだ面と貼り合わせる。

5
4を洗濯バサミで挟んで、接着剤が乾いて固定するまで半日ほど置いておく。

6
布①と②で剣つまみ8個を作る。その内、②の布を使った剣つまみは底辺から1mmの位置で端切りしておく。

7
布⑤と⑥、③と④でそれぞれ重ね剣つまみを2個ずつ作る。布⑤と⑥で作った重ね剣つまみのみ、底辺から3mmの位置で端切りしておく。

8
①〜⑫の順番で土台につまみを貼り付ける。

9
ビーズにボンドをつけ花座に貼り付ける。その花座にボンドをつけてつまみの中央に貼り付ける。

①② …… 3.1cm（茶）×2.7cm（ピンク）の布を使った重ね剣つまみ
③④ …… 1.9cm（茶）×1.5cm（ピンク）の布を使った重ね剣つまみ
⑤〜⑧ … 1.9cm（水色）の布を使った剣つまみ
⑨〜⑫ … 1.5cm（水色）の布を使った剣つまみ

剣つまみと変形丸つまみ で作る

大輪花の2wayクリップ

by ひなぎくさん

クリップとピンがついた土台を使う髪飾り。
つまみに使った赤い布は柄布だから、柄の出方によって印象も変わります。
下がり飾りをつける位置が自在にできる細工があるのがポイントです。

大輪花の2wayクリップの作り方

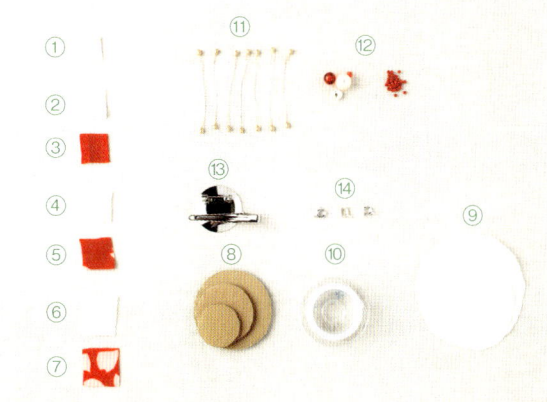

▶ 土台用の型紙はP108〜にあります。

用意する材料

＜剣つまみに使う布＞
1.3cm四方×① 12枚（白）
1.5cm四方×② 6枚（白5、赤1）
2cm四方×④ 6枚（白4、赤2）
2.2cm四方×⑥ 30枚（白20、赤10）

＜変形丸つまみに使う布＞
1.5cm四方×③ 6枚（白3、赤3）
2cm四方×⑤ 6枚（白4、赤2）
2.2cm四方×⑦ 30枚（白15、赤15）

⑧土台用段ボール紙直径4.5cm、3.5cm、2.5cm×各1枚
⑨土台用布直径7cm、5cm×各1枚
⑩テグス適量
⑪ペップ芯7本
⑫ビーズ適量
⑬2wayクリップ1個
⑭カニカン3個

Step 1 飾りパーツと土台を作る

1

ペップ芯7本を、花の形になるように指でつまむ。

2

ペップ芯の先にボンドを差し入れ、花の形にした7本を固定させる。

3
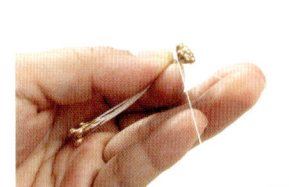
両端の根元をワイヤー（分量外）でぐるぐる数回巻いて、かた結びする。

4

かた結びした状態がこちら。乾くまで置いておく。

5
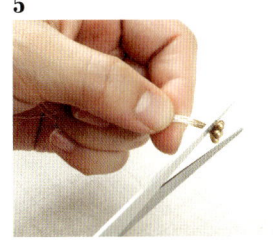
ボンドが乾いたら、根元を切る。

6

切った状態がこちら。このパーツをつまみの中心に飾る。

7
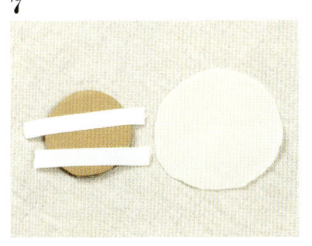
直径4.5cmの土台用段ボール紙に、両面テープを2本貼る。

8

両面テープをはがし、テープの両端は裏に折り込み、直径7cmの土台用布の中心に貼る。

9

土台の円周に沿って、両面テープを貼る。

10

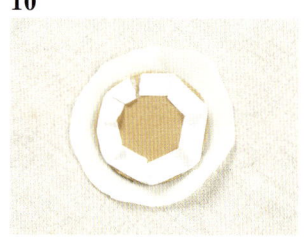

両面テープを貼り終わった状態がこちら。

11

両面テープをはがし、土台布を折り込む。

12

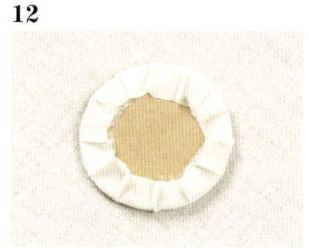

布を折り込んだ状態がこちら。

13

グルーガンで2wayクリップの土台面にグルーをつける。

14

土台を貼り付ける。中央よりもやや左上に貼り付けるのがポイント。

15

テグスを針に通し、土台の円周から5mm内側を円周に沿って平縫いする。このテグスを下がり飾りのフックにするため、少したるませながら縫い、裏でかた結びする。

16

縫い終わった状態がこちら。

17

直径3.5cmの土台用段ボール紙にボンドをつけて、土台に貼り付ける。

18

直径2.5cmの土台用段ボール紙にボンドをつけて、さらに上に貼り付ける。

19

直径5cmの土台用布にのりをつけて、ヘラで薄く伸ばす。

20

18の上に貼り付ける。

21

ピンセットで表面を押さえながら、よれないように表面をきれいに整える。

22

土台のクリップ部分を長めに切った段ボール紙または厚紙（分量外）に挟み、紙を折り曲げ、手で挟む。こうすると、つまみを貼る時にスムーズ。

Step 2 剣つまみを飾る

1

布①で剣つまみを12個作る。

2

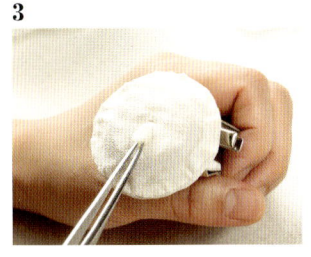

土台の中心にピンセットの先を当てて、印をつける。

3

2でつけた印に剣つまみの先端を合わせて、貼り付ける。

4

3の対角線上にもう1個貼る。

5

さらにもう2個も対角線上に貼り、十字になるように貼る。

6

5の十字の間に2個ずつ、貼り付ける。これで1段目の出来上がり。

Step 3 変形丸つまみをつくる

1

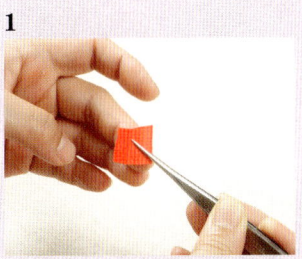

布③で6個の変形丸つまみを作る。中指で布を支えながら、ピンセットで布の真ん中を挟む。

2

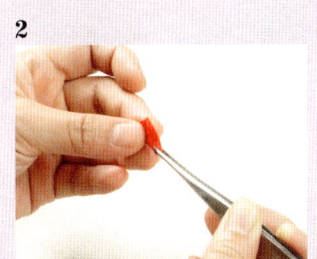

半分に折り、中指と親指で挟む。

3

ピンセットを引き抜き、真ん中よりも少し上の位置をピンセットで挟み直す。

4

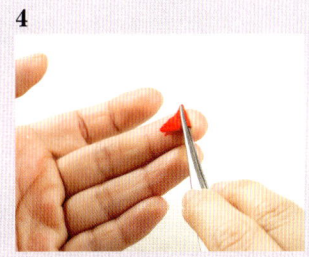

半分に折る。

5

ピンセットを引き抜き、三角形の真ん中に挟み直す。わの逆サイドを左右に分かれるように折る。

6

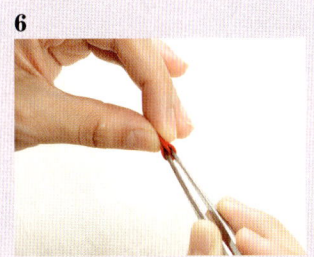

折った部分を人指し指と親指で挟みながら、ピンセットを引き抜く。ふくらみの部分を指でつぶさないように注意。

7

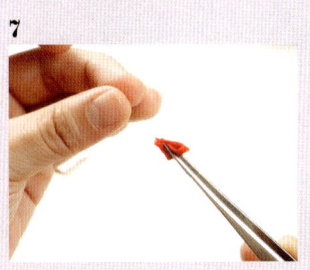

つまんだ面が表にくるようにピンセットで挟み直す。

8

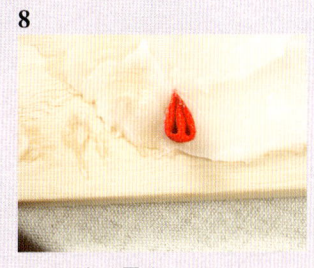

のりの上に置く。

9

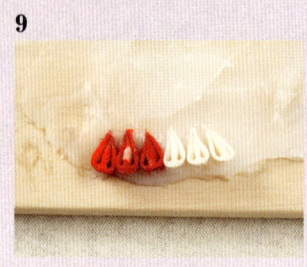

同様に作り、6個の変形丸つまみの出来上がり。

Step 4 変形丸つまみと剣つまみを土台の2段目に飾る

1

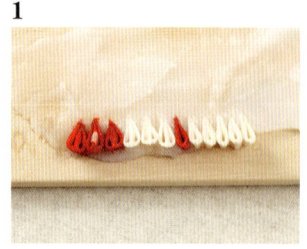

布②で6個の剣つまみを作り、のりの上に置いておく。

2

1段目の剣つまみの間に、布③で作った変形丸つまみを3個貼る。

3

3個貼った状態がこちら。つまみの先端を1段目の間に差し込むように貼り付ける。

4

布②で作った剣つまみを3個、**3**の隣に順番に貼る。

5

2~4をもう1度繰り返し、2段目の出来上がり。赤と白の色布は写真のようにランダムに置くのがポイント。

6

ピンセットで、全体の形や間隔が均一になるように整える。

Step 5 変形丸つまみと剣つまみを土台の3~6段目を飾る

1

布④で剣つまみ6個、布⑤で変形丸つまみ6個を作る。2段目の間に、剣つまみと変形丸つまみを3個ずつ貼り付ける。

2

布⑥で剣つまみ12個、布⑦で変形丸つまみ12個を作る。3段目の間に2個ずつ貼る。剣つまみと変形丸つまみは6個ずつ交互に配置する。

3

4段目をすべて貼った状態がこちら。

4

5段目を貼る。布⑥で剣つまみ12個、布⑦で変形丸つまみを12個作る。4段目の間に1個ずつ貼る。剣つまみと変形丸つまみは6個ずつ交互に配置する。

5

6段目を貼る。布⑥で剣つまみを6個、布⑦で変形丸つまみを6個作る。5段目の間に剣つまみと丸つまみを1個ずつ貼る。剣つまみと変形丸つまみは3個ずつ交互に配置する。透き間があまりないので、斜めに差し込むように貼るのがポイント。

6

6段目まで完成した状態がこちら。

7

Step1で作ったペップ芯の飾りにボンドをつけて、花の中心に貼り付ける。

Step 6　下がり飾りを作る

1

3本の下がり飾りを作る。メインとなる大きめのビーズを配置し、下がりの長さをイメージする。

2

ビーズ専用針にテグスを1本取りで通し、ビーズを1個通す。これが、メインとなる大きめビーズのストッパーになる。

3

2のテグスのもう片側の端を針に通し、2本取りにしてからメインのビーズを通す。その後は好みのビーズを下がりの長さ分通す。

4

ある程度ビーズを通したら、つまみをした土台に当てて長さを確認する。

5

カニカンを通す。

6

テグスをカニカンを通した部分で2回かた結びをして、ボンドを付け、もう1度かた結びする。ボンドが乾いたら余分なテグスを切る。

7

同様にもう2本作り、下がり飾りが3本出来上がり。

8

つまみをした土台の裏面につけたテグスに下がり飾りをつける。

9

出来上がり。下がり飾りをつけるテグスは土台の円周上についているから、位置を自在に変えられる。

作家さんたちのこだわり作品

HIMEKO さん *Himeko*

「100人に造るなら100パターンのデザインや配色を考えます。誰にでも個性があるように、一つ一つの作品にも個性を持たせる事を大切にします。特に好きなのは、白、黒、赤の組み合わせ。これだけで格好よくてお洒落に仕上がります」

Yo-chick 葉ちっく さん

「大きな半くす飾りは振り袖用に作ったものですが、モダンなコーディネートをイメージしました。そして、かんざしはシックに、バラの豆留めはキュートなイメージに。いろんなコーディネートを想像しながら色合わせにこだわるのが私流です」

Hinagiku ひなぎく さん

「お花の繊細なグラデーションが愛らしい"花手鞠"と、バラの花束を半分だけ載せた"ハーフブーケ"。どちらもアンティークの柄布を使用。切り出し方、配置の仕方にこだわってドラマを生み出すのが制作時の楽しみです」

part 2
モチーフで楽しむ
つまみ細工

剣つまみ

剣つまみ、重ね剣つまみ

重ね丸つまみ で作る

3種類のショールピン

by HIMEKO さん

つまみ方や貼り付け方を変えて
3種類のデザインを作りました。
洋服や帽子、バッグなど、あらゆるシーンに
活用できるのが魅力です。
ストールを留めるピンにしても可愛いですね。

3種類のショールピン ① の作り方

用意する材料

＜剣つまみに使う布＞
1.9cm四方×①24枚（黄）、②18枚（白）

③土台用布5cm四方×1枚
④ショールピン1本
⑤スチロール球（2.5cm）×1個
⑥ビーズ3個
⑦花座1個

▶ 土台用の型紙はP108～にあります。

Step 1 土台を作る

1 スチロール球はカッターで半分に切り、軽くやすりをかける。土台用布の裏面にスプレーのりをつけて、スチロール球を中心に置く。

2 土台用布の4角を、角から1.5cm程切る。

3 四辺に等間隔になるように切り込みを入れる。

4 土台用布をスチロール球に沿わせるように折り込む。

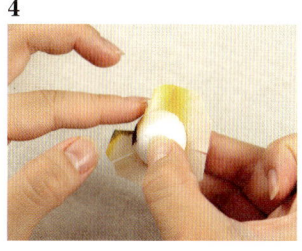

5 土台が出来上がり。

6 ショールピンの土台にボンドをつける。

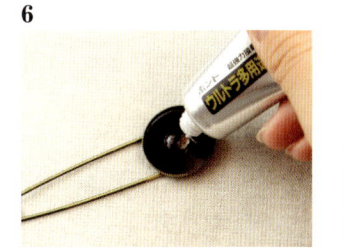

7 ボンドの上に**5**の土台をのせてから、少しだけ回転させる。そうすると、ボンドと土台が密着しやすい。

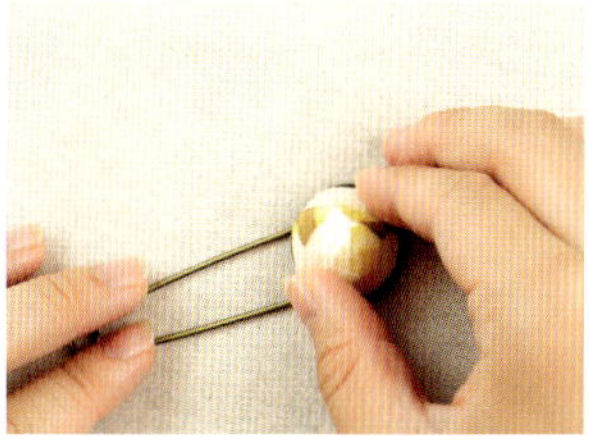

Step 2 剣つまみを作る&飾る

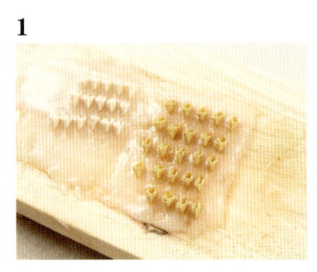

1 布①と②で剣つまみを作る。

2 土台の上にチャコペンで印をつける。トップの中心に十字と、つまむ中心の印としての点を、十字の右上に書く。

3 布②で作った剣つまみを、2で印をつけた点に先端を合わせて、貼る。

4 布②の剣つまみで半円を描くように、さらに5個貼る。

5 布①の剣つまみも同様に、半円を描く様に6個並べる。これで1段目が出来上がり。

6 ピンセットで全体のバランスを均一に整える。

7 2段目は、1段目のつまみの間に差し込むように、貼る。

8 黄と白の間には白を差し込み、1段目と同様に並べていく。

9 2段目の出来上がり

10 3段目も同様に、2段目の間に差し込むように貼る。土台の半球に沿わせる様に置くのがポイント。

11 3段目の出来上がり。

12 4段目は、布②のみを6個、同色側に差し込む。

13 4段目の出来上がり。

14 花座の中にボンドをつけたビーズを入れて、貼り付ける。

15 花座にボンドをつけ、つまみの中心に貼り付ける。

16 つまみの花びらに3カ所ボンドをつける。位置は好みにランダムでOK。

17

ボンドの上にビーズを置く。

18

ボンドが乾いてビーズが完全に固定されたら、出来上がり。

3種類のショールピン ② の作り方

用意する材料

＜剣つまみに使う布＞
2.7cm四方×①2枚（青）

＜重ね剣つまみに使う布＞
1.9cm四方×②4枚（茶）、③3枚（赤）
2.3cm四方×④7枚（白）、⑤1枚（茶）
2.7cm四方×⑥1枚（白）

土台用布 5cm四方×1枚
スチロール球（2.5cm）×1個
ショールピン1本
ビーズ2個

▶ 土台用の型紙はP108～にあります。

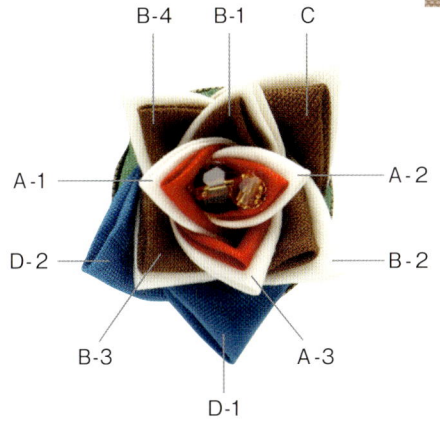

B-4　B-1　C
A-1　　　　A-2
D-2　　　　B-2
　B-3　A-3
　　D-1

作り方

1
ショールピン①の作り方を参考にスチロール球に土台用布を貼り付けてから、ショールピンの土台に貼る。

2
剣つまみを布①で2個、重ね剣つまみを②と④で4個、③と④で3個、⑤と⑥で1個作り、底辺から1～2mmの位置で端切りする。

3
土台の中心に3mmほどの十字の線を書いておく。

4

A-1

5

A-1　　　A-2

6

B-1

A-1　　　A-2

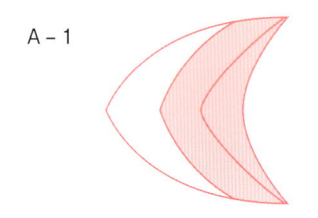

A-3

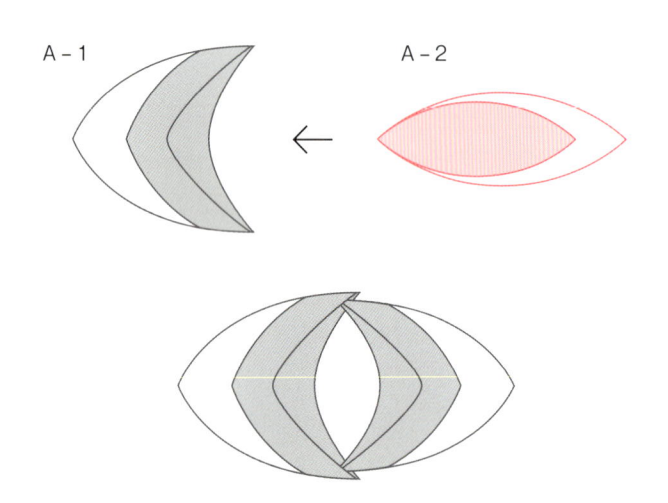

4

A-1（布③と④の重ね剣つまみ）からD-2の順番に土台の上に貼り付ける。A-1の先端を指で開き、土台の中心点から3mmほど空けて、貼る。

5

A-2は、A-1の間に差し込んでから、ピンセットで開く。

6

A-3とB-1（布②と④の重ね剣つまみ）は、A-1とA-2を挟むように、開いて差し込む。

7

B-2、3、4と、C（布⑤と⑥の重ね剣つまみ）も、**5**と**6**で貼り付けたつまみの角に合わせるように、つまみを開いてから貼りつける。

8

布①で作った剣つまみ（D-1、D-2）を、B-2と3、B-3と4の角に合わせるように貼る。底辺の部分がしっかりと土台に貼り付く様にピンセットで調整する。

9

つまみの中心にボンドを付けたビーズを貼りつける。

10

出来上がり。

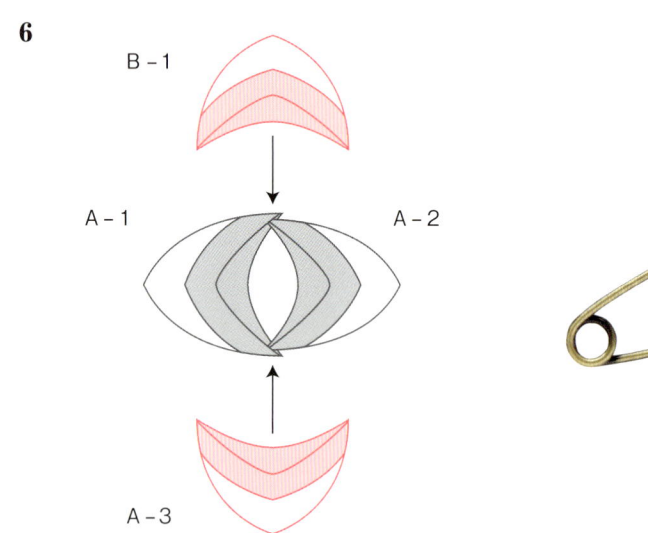

Point

土台用の布はつまみで完全に隠れないから、濃い色を使うと見た目がキレイに仕上ります。

3種類のショールピン ③ の作り方

用意する材料

＜重ね丸つまみに使う布＞
1.9cm四方×44枚（①黄16、②緑16、③黒12）

土台用布5cm四方×1枚
スチロール球（2.5cm）×1個
ショールピン1本
ビーズ2個

▶ 土台用の型紙はP108〜にあります。

作り方

1
ショールピン①の作り方を参考にスチロール球に土台用布を貼り付けてから、ショールピンの土台に貼る。

2
布①と②で各8個、布③で6個の重ね丸つまみを作る。すべて同じ色の布を重ねてつまみを作る。

3
土台の中心にチャコペンで印をつける。

4
布①の重ね丸つまみ1個を**3**でつけた中心の印の上に貼り付ける。

5
布①、②、③の順番に1個ずつ、方向をランダムに変えながら土台に貼り付ける。

6
同じ色が重ならない様に注意する。

7
ビーズにボンドをつけて、つまみの上にランダムに貼りつけたら出来上がり。

Point
つまみ同士が重なる部分があってもOK。つまみの先端を土台にしっかり固定させるのがキレイに見せるコツ。

Point
ショールピンの土台付近のつまみは、土台と平行になるように、平たく貼り付ける。

Point
つまみの後ろの広がり部分はつぶれないように貼り付ける。

変形丸つまみ で作る

バラのストラップ

by ひなぎくさん

ウールのモスリンをバラの形につまんだストラップ。
張りのある素材だからたっぷりとした花びらの存在感と淡い色合いで
ほっこりとした可愛らしさを演出しました。

バラのストラップの作り方

用意する材料

＜変形丸つまみに使う布＞
2.2cm四方×①25枚（柄）

②土台用薄手の紙直径2.3cm×1枚
③土台用布直径2.5cm×1枚
④ひも状のレース1本（好みの長さ）
⑤パールビーズ1個、好みのビーズまたはスワロフスキー適量
⑥リリアン適量
⑦ストラップ金具1個

▶ 土台用の型紙はP108～にあります。

Step 1 土台を作る

1 ストラップ金具にリリアンを通して、輪っかを作りかた結びする。

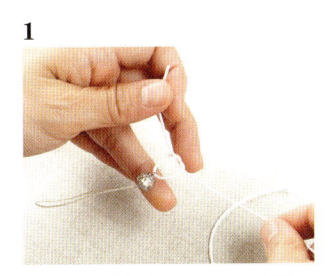

2 さらにもうひとつ輪っかを作り、同様にかた結びする。

3 紐状のレースがふたつ折りになるように、レースの真ん中位置をリリアンでかた結びする。

4 余分なリリアンを切る。

5 下敷きの上に、ストラップ金具をマスキングテープで固定する。

Step 2 変形丸つまみを作る

1 布①の真ん中をピンセットで挟む。

2 ピンセットで挟んだ部分が底辺になるように三角形に折る。

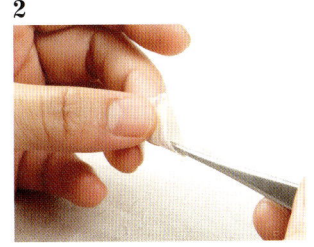

3 ピンセットを引き抜き、三角形の向きを変えて、真ん中を挟む。

4 ピンセットを半回転させるように、三角形に折る。

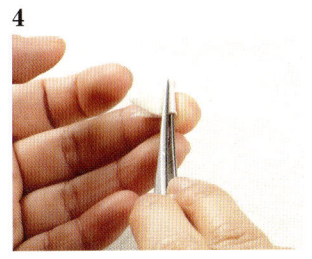

41

5 ピンセットを引き抜き、再び真ん中を挟む。

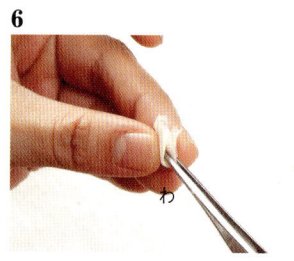

6 半分に折る。このときわの逆サイドの、先端をあえて少しずらす。

7 ピンセットを引き抜き、6で折った折り目が崩れない様にピンセットで挟む。

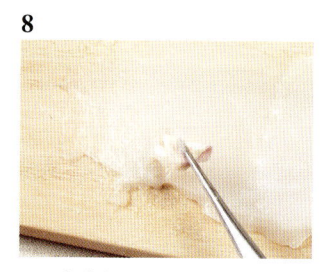

8 のりを底辺にたっぷりとつける。

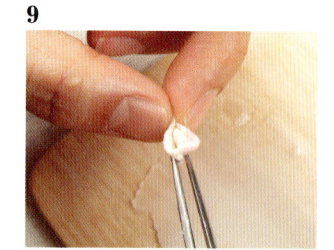

9 先端を指でつまみ、ピンセットを引き抜く。自然に指でつまんだところ以外が開き、変形丸つまみが出来る。

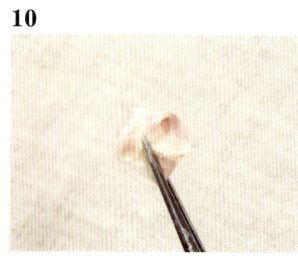

10 開いた面が裏面になる。

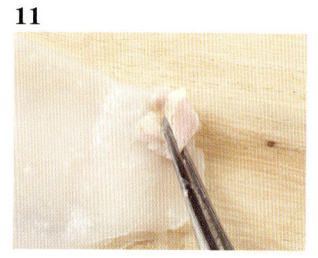

11 裏面にのりをつけておく。

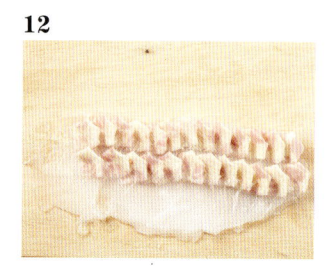

12 25個の変形丸つまみができた状態がこちら。

Step 3 土台に貼り付ける

1 リリアンの輪っかの上に、変形丸つまみを1個貼り付ける。

2 1の両サイドに、下敷きに貼り付けるように変形丸つまみを配置する。

3 2の両サイドに変形丸つまみを配置する。この2個はリリアンの輪っかの上につまみの先端を貼り付け、5角形を作る。

4 これで1段目の出来上がり。

5 1段目のつまみの間に貼り付けて、2段目を作る。

6 5個すべてを貼り付けて2段目の出来上がり。

7 3段目も同様に2段目の間に5個貼り付ける。中心をピンセットで平らになる様に押し込み、花びらを立たせる。

8 3段目が出来た状態がこちら。

9

4段目も同様に貼り付ける。中心に行く程、5枚のつまみを重ねながら、必ず前の段の間に配置すること。

10

5段目が出来上がり。

11

パールビーズにボンドをつけて、中心に貼り付ける。

12

スワロフスキービーズをパールの上に貼り付ける。

13

一晩のりを乾かしてから、下敷きからはがす。

14

土台用の薄紙にのりをヘラでたっぷりとつける。

15

土台の裏面に貼り付ける。

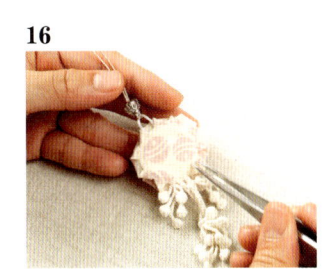

16

土台用の布にものりをつけて、**15**の上に重ねる。

17

のりが完全に乾いたら出来上がり。

バラモチーフに似合う淡い色合い

剣つまみと変形丸つまみ で作る

桔梗の2wayクリップ

by ひなぎくさん

季節ごとの花をモチーフにするのもつまみ細工ならではの楽しみ方。
夏～秋の花である桔梗をモチーフに作りました。
浴衣にも洋服にも似合います。

桔梗の2wayクリップの作り方

用意する材料

＜変形丸つまみに使う布＞
3cm四方×① 15枚（ピンク）

＜剣つまみに使う布＞
3cm四方×② 4枚（グリーン）
3.5cm四方×③ 3枚（グリーン）

- -

④ 土台用厚紙直径4、3、2cm×各1枚
⑤ 土台用布直径6.5、4.5cm×各1枚
⑥ 2wayクリップ1個
⑦ スワロフスキービーズ3粒
⑧ ビーズ適量
⑨ ビーズ3粒
⑩ カニカン3個

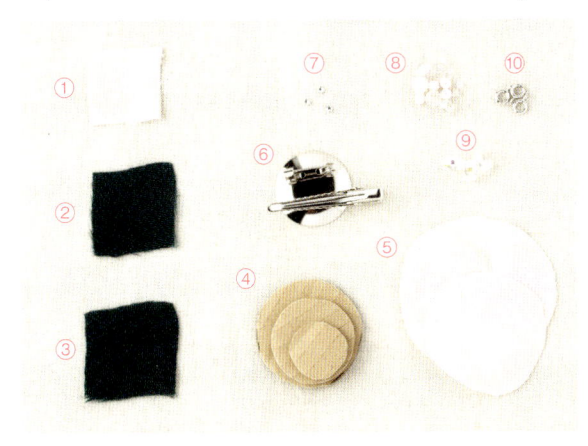

▶ 土台用の型紙はP108～にあります。

Step 1 土台を作る

1 大輪花の2wayクリップの作り方（P27～）を参考に土台用厚紙と布、テグス（分量外）を使って土台を作る。

2 土台が出来上がった状態がこちら。

Step 2 土台につまみを飾る

1 布①で丸つまみを作る。

2 土台のクリップに段ボール紙（分量外）を挟み、手で支えながらつまみの後ろ部分（広がっている部分）が土台の中心にくるように貼り付ける。

3 つまみの後ろをピンセットで開きながら土台に固定させる。これで丸つまみを1個貼り付けたことになる。

4 もう2個の丸つまみも土台の中心を基点に貼り付けてから、つまみの後ろをピンセットで開く。

5 中心を基点に貼り付けた3個の丸つまみのそれぞれの両サイドに1個ずつ貼り付ける。貼り付けてから同様にピンセットでつまみの後ろを開く。

6 計9個の丸つまみを貼り付けた状態がこちら。

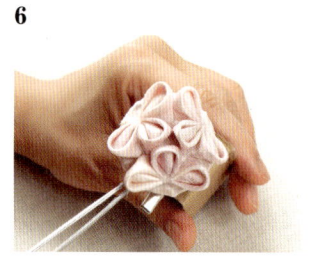

7 さらに2個ずつ足して、3つの花の出来上がり。

8 ピンセットの先端にのりを少量つけて、花びらの外側の中心をつまみ、角を作る。

9 すべての花びらをつまんで、角ができた状態がこちら。これが変形丸つまみとなる。

10 布②と③で剣つまみを作る。

11 花の間に布②と③の剣つまみを1枚ずつ、先端を差し込むように土台に貼り付ける。

12 つまみの中をピンセットで広げて、葉の形に整える。

13 2個ずつが2セットと、3個ずつを1セットとしてすべて貼り付けた状態がこちら。

14 ビーズにボンドをつけて、花の中心に貼り付ける。

15 ビーズの上に、ラインストーンをピンセットで貼り付ける。

16 ビーズとパールビーズ、カニカンで下がり飾りを作る。下がり飾りの長さはすべて均一にしてもOK。

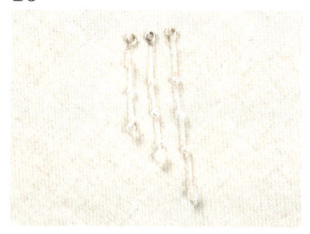

17 土台の後ろにあるテグスに下がり飾りを付ける。

18 出来上がり。

丸つまみと変形丸つまみ、重ね丸つまみ で作る

七五三のかんざし

by 葉ちっくさん

蝶々のモチーフが可愛らしい七五三のかんざし。
赤やピンクをベースに、飽きのこない色合いで作ったのがポイント。
着物にも合わせやすい色だから、長く愛用できます。

七五三のかんざしの作り方

▶ 土台用の型紙はP108～にあります。

用意する材料

＜変形丸つまみに使う布＞
2.5cm四方×①6枚（薄ピンク）
3cm四方×②7枚（柄）

＜丸つまみに使う布＞
3.5cm四方×③2枚（柄）

＜重ね丸つまみに使う布＞
4cm四方×④2枚（赤）
4.3cm四方×⑤2枚（白）

＊布①1枚、布②2枚は土台用布に使用

⑥土台用厚紙直径2cm×1枚、2.5cm×2枚
⑦ペップ芯適量
⑧銀ビラ1個
⑨かんざし金具1個
⑩ワイヤー（24番）10cm×3本
⑪地巻きワイヤー10cm×2本
その他：糸80cm×2本

Step 1　土台を作る

1

カラフルかんざしの作り方（P11～）を参考に土台を作る。布①1枚と②2枚を3枚の土台用厚紙に貼り付けて、ワイヤーを通す。

Step 2　桜のつまみを作る

1

布①と②で丸つまみを5個ずつ作り、つまみの先端にボンドをつけて、洗濯バサミで固定させる。

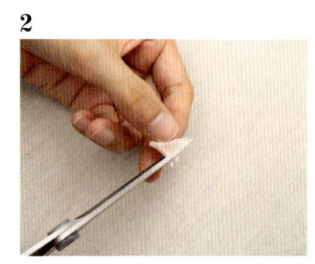

2

底辺から1/4程の位置で端切りする。

3

布①を使った土台に布①、布②の土台に布②の丸つまみを貼り付けて、花を作る。

4

楊枝の先端にボンドをつけて、花びらの外側の中央を押しながらボンドをつける。

5 ボンドをつけた部分をピンセットでつまみ、中心に向かって押し下げる。

6 左手で形をキープしながらピンセットを抜き、5で押し下げた部分を挟み直す。これが桜の花びらの変形丸つまみとなる。

7 1つめの出来上がり。

8 すべての丸つまみを変形丸つまみにした状態がこちら。布①②共に行う。

9 花芯を作るために、ペップ芯の先端だけを適量切り取る。

10 花の中心につけたボンドの上にペップ芯の先端を適量貼る。

11 2つの花の中心に貼った状態がこちら。ペップ芯の量は好みでOK。ボンドが乾くまで置いておく。

Step 3　蝶々のつまみを作る

1 蝶々のモチーフ用に、布③で丸つまみを2個、布④と⑤で重ね丸つまみを2個作る。

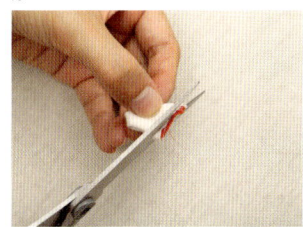

2 底辺から1/4程の位置で端切りする。

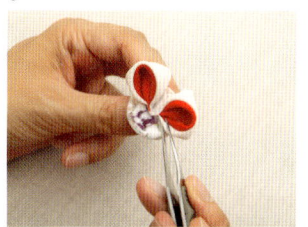

3 布②の土台の上部に重ね丸つまみを2個貼り付ける。土台とつまみの両方にボンドをつけて貼り付け、つまみの間は少し空ける。

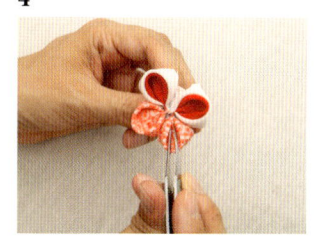

4 土台の下部に丸つまみ2個を貼り付ける。下の土台が見えない様に、2個がくっついた状態で、貼り付けてからピンセットでつまみを広げる。

5 地巻きワイヤー1本を目打ちの先に巻き付ける。

6 巻き付けたら、目打ちから抜く。これが蝶々の胴体になる。

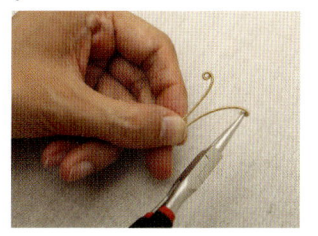

7 もう1本の地巻きワイヤーを半分に折り、両端をヤットコで丸める。

8 6の間にボンドを入れて、7を差し込み貼り付ける。

9

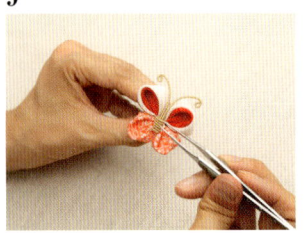

8をつまみの中心にボンドで貼り付ける。これで蝶々の飾りモチーフが出来上がり。

Step 4 かんざし金具をつける

1

桜と蝶々の土台からそれぞれ2.5cm程の位置でワイヤーを曲げ、3つをひとつにして糸で結ぶ。結び方やかんざし金具の付け方はカラフルかんざしの作り方（P11〜）を参考にする。

2

銀ビラを**1**に合わせる。合わせ目から下2cm程まで糸でぐるぐると巻き、最後は糸をワイヤーの間に通してから余分を切る。

3

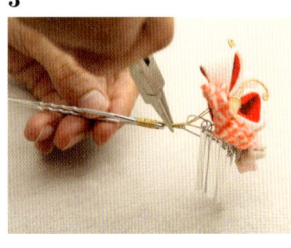

かんざし金具をつけて、かんざし金具とワイヤーのつなぎ目をヤットコで曲げ、少し角度をつける。

4

花の向きを指で整える。

5

出来上がり。

丸つまみ で作る

椿モチーフの2wayクリップ

by 葉ちっくさん

可憐な椿がモチーフ。丸みのある可愛さを作るポイントは、端切りを少量程度にとどめておくこと。コツさえつかめば簡単に作れます。つまむ布を変えるだけでも印象が違うのもユニークです。

椿モチーフの2wayクリップの作り方

▶ 土台用の型紙はP108～にあります。

用意する材料

＜丸つまみに使う布＞
3cm四方×①9枚
3.5cm四方×②6枚

③土台用布直径2.7cm×1枚
④ビーズ1個
⑤花座1個
⑥2wayクリップ1個

Step 1 土台を作る

1
クリップの台座にボンドを伸ばし、土台用布を貼り付ける。

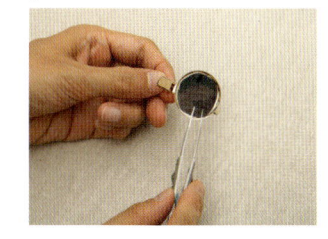

2
ピンセットで土台用布を押し当てながら、クリップの土台にしっかりと密着させる。

Step 2 土台に貼り付ける

1
布①で9個、②で6個の丸つまみを作る。先端が固定するように洗濯バサミで挟む。

2
布②のみを、底辺から1/4程の位置で端切りする。

3
土台にたっぷりとボンドを乗せる。

4
布②のつまみの切り口に、楊枝でボンドをたっぷりとつける。

5
土台の中心を開けて、2個のつまみを対角線上に貼り付ける。

6
2個ずつ、計6個を対角線上に貼り付ける。

7
つまみの後ろ部分を指で押して、丸みのある形にする。立ち上がりを指でつぶすようなイメージで行う。これで1段目の出来上がり。

8
布①の丸つまみ9個を、底辺から1/5程の位置で端切りする。

9
つまみの切り口に楊枝でたっぷりとボンドをつけて、1段目のつまみとつまみの間をまたぐように貼り付ける。

10
2個ずつ対角線上に貼り付けて、計6個貼り付けた状態がこちら。

11
つまみの後ろ部分を、内側に倒すようにピンセットでつまんで立ち上がりを取り、丸みをつける。

12
3段目に使う布①の丸つまみ3個は端切りをせず、土台にのせる。2段目の2個のつまみの間をまたがるように、つまみの中に入れこむようなイメージで貼り付ける。

13
3段目が出来た状態がこちら。

14
11と同様に、つまみの後ろ部分を、内側に倒すようにピンセットでつまむ。

15
真ん中にボンドを乗せて、花座を貼り付ける。

16
花座の上にボンドを重ねて、ビーズを貼り付けて乾くまで置いておく。

17

出来上がり。

剣つまみ で作る

下がり飾りのピアス

by 葉ちっくさん

耳元でチャームのように揺れる、下がり飾りがとってもキュート。
あえて左右をアシンメトリーにするのがおしゃれに見えるコツ。
レース糸に貼り付けるだけだからとっても簡単です。

丸つまみ で作る

カラフルヘアゴム

by 葉ちっくさん

カラフルな布を利用したヘアゴム。
平たいフェルトの上につまみを貼り付けて作りました。
違う柄同士でも、同系色でまとめることで、センス良く仕上がります。

下がり飾りのピアスの作り方

用意する材料

＜剣つまみに使う布＞
2cm四方×12枚（紫）

ピアスフック1セット
丸い輪っかのチャーム1個
ビーズ10個（赤1・グレー9）
丸カン4個
Tピン2個
レース編み用糸適量

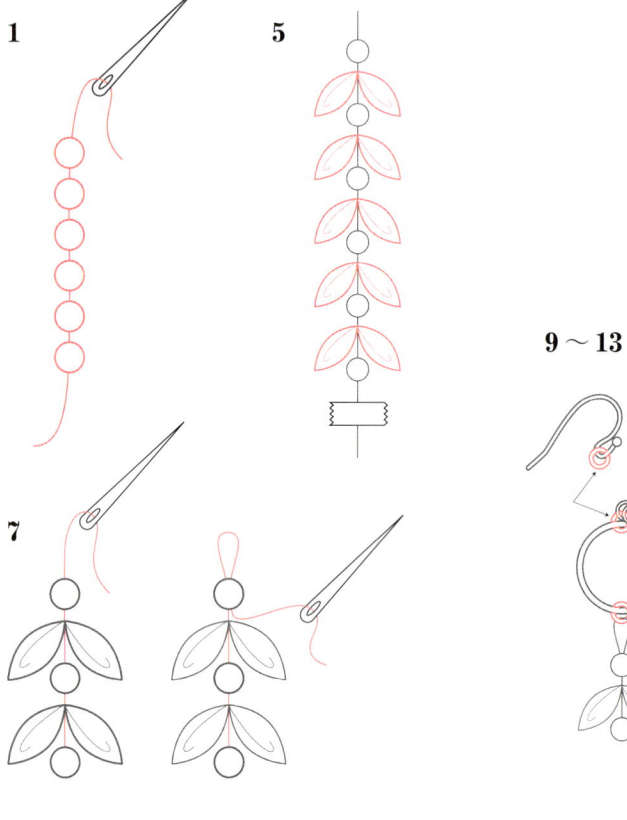

裏面図

Point
糸端は、剣つまみを貼り合わせた裏面でボンドで留める。

Point
ビーズが抜けないように、糸をかた結びした後ボンドで留める。

作り方

1
ビーズ針にレース編み用糸を通し、6個のビーズ（グレー）を通す。

2
針を抜いて、下敷きに糸をマスキングテープで貼り固定させる。カラフルかんざしの作り方（P11～）の下がり飾りの作り方を参考にする。

3
剣つまみを12個作る。

4
剣つまみの裏をボンドで閉じる。ボンドはあまりべったりつけないように注意。

5
4で閉じたところにさらにボンドを塗って、2つずつ、ビーズ間の位置にくるように糸の上にボンドで貼り付ける。

6
一番下にくるビーズの後ろで、レース糸をかた結びする。ほつれ止めとしてボンドをつけて固定させ、余分な糸を切る。

7
糸の上部分に針を通して、一番上のビーズだけが輪になるように、針を通す。通した糸は1つ目の剣つまみの後ろにボンドで貼り付ける。

8
糸の輪っかとピアスフックを丸カンでつないで1個目が完成。

9
1と同様に、レース編み用糸にビーズ2個（グレー）を通して、その間に剣つまみ2個を貼り付ける。糸始末は6と同様に行う。

10
赤とグレーのビーズ1個ずつにTピンを通し、先をヤットコで丸める。これに丸カンを通し、輪っかのピアスチャームにつけて、丸カンを閉じる。

11
ピアスフックに丸カンをつける。

12
再び10の丸カンを開き、11とつなぐ。

13
9で作った下がり飾りを丸カンで輪っかのチャームにつなげたら出来上がり。

カラフルヘアゴムの作り方

用意する材料

＜丸つまみに使う布＞
2cm四方×30枚（無地や柄など好みの布）

土台用のフェルト直径3.5cm×2枚
ゴム1本
花座1個
パールビーズ（花芯用）小3個
パールビーズとビーズ（外周に飾る用）大12個
チロリアンテープ3cm×1本

▶ 土台用の型紙はP108～にあります。

❀ 1段目

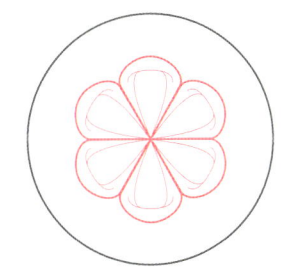

❀ 2段目A

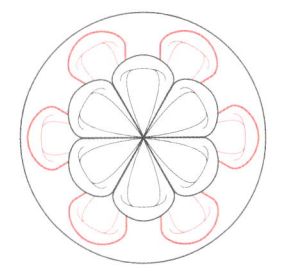

❀ 2段目B

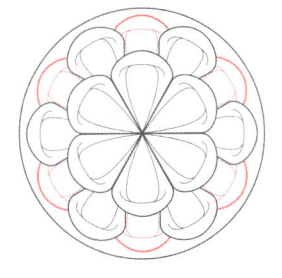

❀ 3段目

作り方

1
2枚の土台用のフェルトをボンドで貼り合わせる

2
丸つまみを30個作り、底辺から1/4程の位置で端切りする。

3
土台のフェルトの上にボンドを薄く伸ばす。

4
丸つまみの切り口にボンドをつけて、土台の中心につまみの先端を合わせて、6個貼り付ける。これで1段目の出来上がり。

5
1段目のつまみの間と間に先端を差し込むように、2段目Aを作る。

6
さらに、2段目の間にも6個のつまみを貼り付け、2段目Bを作る。2段目Bは1段目と同じラインに並ぶ。

7
3段目は、2段目AとBの間に差し込むように12個貼り付ける。

8
3段目の透き間を埋めるようにつまみとつまみの間にビーズをボンドで貼り付ける。

9
花の真ん中にボンドをつけて、花座を貼り付け、さらにボンドをつけたパールビーズを花座の上に貼り付ける。

10
土台の裏にゴムをグルーガンで固定する。その上にチロリアンテープを補強するように当ててボンドで固定する。

11
出来上がり。

丸つまみにはふんわりさを印象づける
厚みのあるちりめんを使い、
剣つまみにはシャープに見える平絹をチョイス。
同じ白の布でも、素材とつまみ方を変えると、
作品により奥行きが出ます。

丸つまみと剣つまみ で作る
半くすの2wayクリップ

by 葉ちっくさん

半くすの2wayクリップの作り方

用意する材料

＜丸つまみに使う布＞
2.5cm四方×① 12枚（白）
3cm四方×② 9枚（白）

＜剣つまみに使う布＞
2cm四方×③ 24枚（白）
2.5cm四方×④ 18枚（白6、緑または紫12）
3cm四方×⑤ 3枚（緑または紫）

土台用布（ちりめん）
7cm四方、直径5cm×各1枚
スチロール球（5cm）×1個
ラインストーン2粒
2wayクリップ1個

▶ 土台用の型紙はP108～にあります。

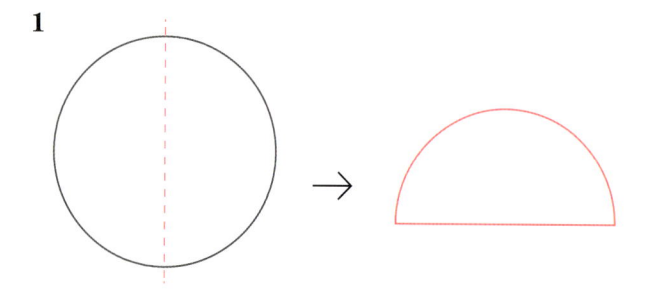

作り方

1

直径5cmのスチロール球をカッターで半分よりもやや少なめに切り、半くすの土台を作る。

2

1を土台用の布でくるむ。7cm四方の布にボンドをつけてスチロール球の底辺を貼り付けた後に、直径5cmの布を上からかぶせるように貼る。

3

剣つまみと丸つまみを作る。布③で作った剣つまみ24個のうち、半分は底辺から1/3程の位置で端切りする。

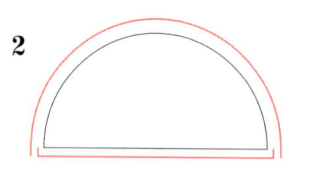

1

2

4　1段目

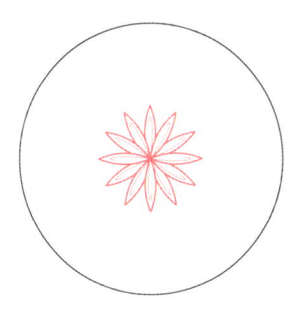

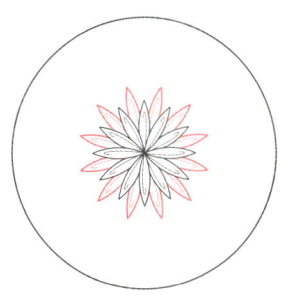

5　2段目

6　3段目

7　4段目

8　5段目

9　6段目

4

土台の中央に布③で作った剣つまみのうち端切りした12個を貼り付ける。これで1段目の出来上がり。

5

布③で作った剣つまみの残りの12個は端切りをしないで、1段目の花びらの間に先端を差し込むように貼り付ける。

6

3段目は布④で作った剣つまみ12枚（白6、グリーンまたは紫6）を、つまみの先端を3mm程切ってから、白と色付きのつまみが交互になるように2段目の花びらの間に差し込むように貼り付ける。

7

4段目は、布④で作った剣つまみ6枚（グリーンまたは紫）と、布①の丸つまみ（白）6枚を貼り付ける。つまみの先端を3mm程切ってから、2枚ずつ交互に、3段目の花びらの間に貼り付ける。

8

5段目は、布⑤で作った剣つまみ3枚（グリーンまたは紫）と、布②の丸つまみ（白）9枚を貼り付ける。つまみの先端を3mm程切ってから、丸つまみ3枚、剣つまみ1枚を交互に、4段目の花びらの間に貼り付ける。

9

6段目は、布①で作った丸つまみ（白）6枚を、4段目の丸つまみと同じライン上に貼り付ける。

10

花の中央にボンドでラインストーンを貼り付ける。

11

土台の裏にボンドをつけ、2wayクリップを貼り付けたら出来上がり。

❀ 裏面図

Point

スチロール球に対して、クリップ金具は中央よりややサイド寄りにつける。

丸つまみと重ね丸つまみ、剣つまみ　で作る

孔雀のコームピン

by HIMEKOさん

親子でおそろいでつけても可愛いコームピン。
3重にした大きな丸つまみがあることで、動きが出て華やかな存在感を印象づけます。

剣つまみ
重ね剣つまみ で作る

デザインバレッタ

by HIMEKOさん

アンティークの半襟を使った、蝶ネクタイモチーフのバレッタと
パステルカラーの花びらのバレッタ。剣つまみと重ね剣つまみで作りました。
バレッタの留め金でつまみがつぶれないように、
留め金の上にはつまみを配置しないのがポイント。

孔雀のコームピン(小)の作り方

用意する材料

<丸つまみに使う布>
1.9cm四方×①1枚(緑)
2.3cm四方×②1枚(緑)
2.7cm四方×③2枚(緑)
3.1cm四方×④2枚(緑)

<剣つまみに使う布>
1.9cm四方×⑤1枚(白)
2.3cm四方×⑥1枚(白)

<重ね丸つまみに使う布>
3.1cm四方×⑦3枚(白1、黄1、紫1)

土台用厚紙3cm四方×2枚、3×2cm×1枚
土台用布5cm四方×2枚
コーム本体(約1.8cm)×1個
アジアンコード2cm×1本
ビーズ小2個、大1個
花座1個

▶ 土台用の型紙はP108～にあります。

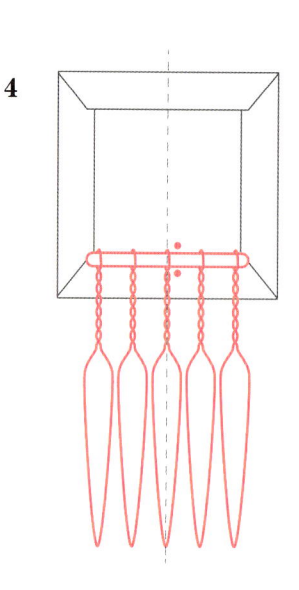

土台の作り方

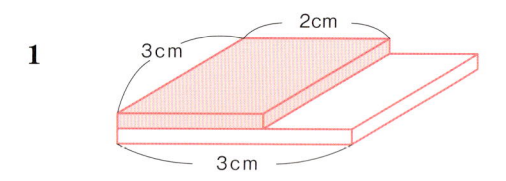

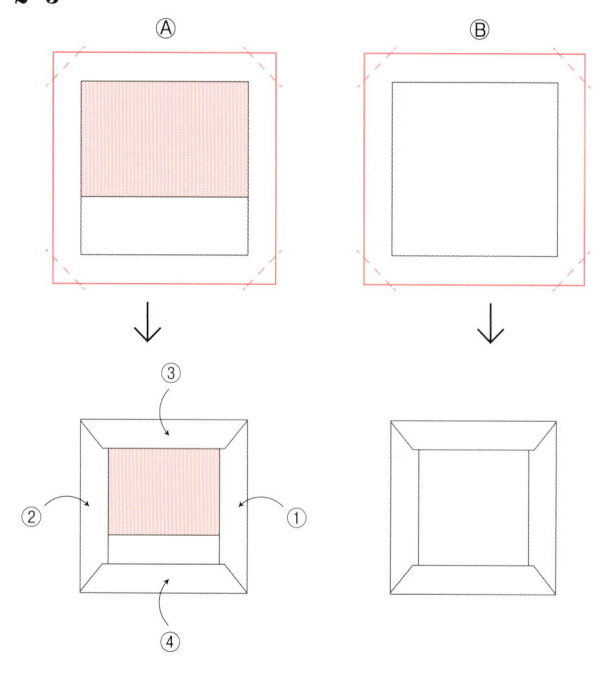

1
土台用厚紙2枚(3cm四方、3×2cm)をボンドで貼り合わせる。完全に乾くまで数時間置いておく。

2
2枚の土台用布の裏面にそれぞれスプレーのりをつける。1で貼り合わせた厚紙と3cm四方の厚紙をそれぞれ中央に貼り付ける。四角を0.9cmずつ切る。

3
①～④の順番に布を内側に折り込んで、厚紙に貼り付ける。これで土台Ⓐ、Ⓑが出来上がり。

4
Ⓑをコームに貼り付ける。先にⒷがコームのカーブに沿うように手で折り曲げてクセづける。コームをⒷに置き、中心になる部分に、コームを挟むように上下に2つの穴を目打ちで空ける。下の穴は、端から3～4mm程上がベター。あまり端すぎると、目打ちを打つ時に切れてしまうので注意。

5
針に糸を2本取りに通して、目打ちで開けた穴に通しながら、コームを縫い留める。

6
土台とコームに強力な接着剤をのせて、コームを固定させる。乾くまで1日ほど置いておく。

8

洗濯バサミを挟む位置

10

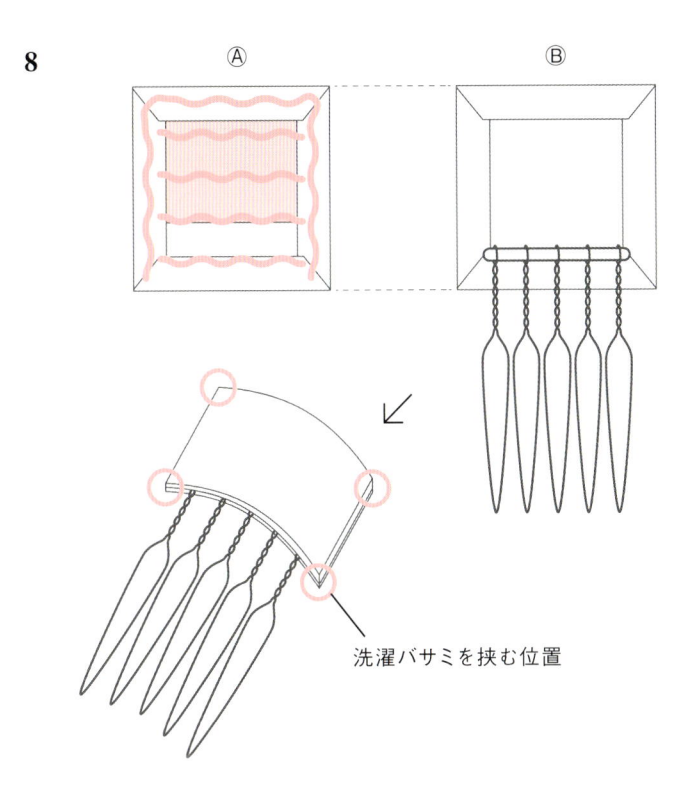

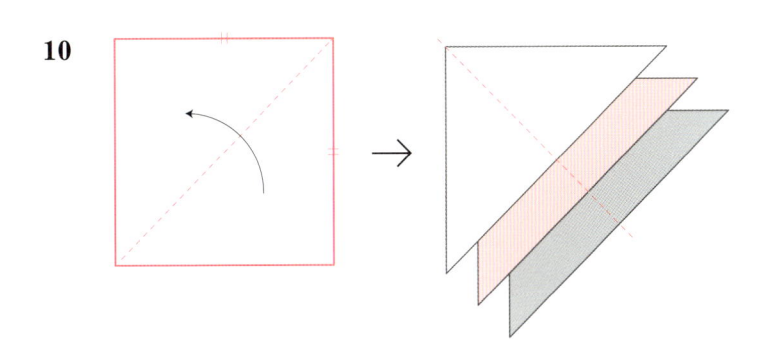

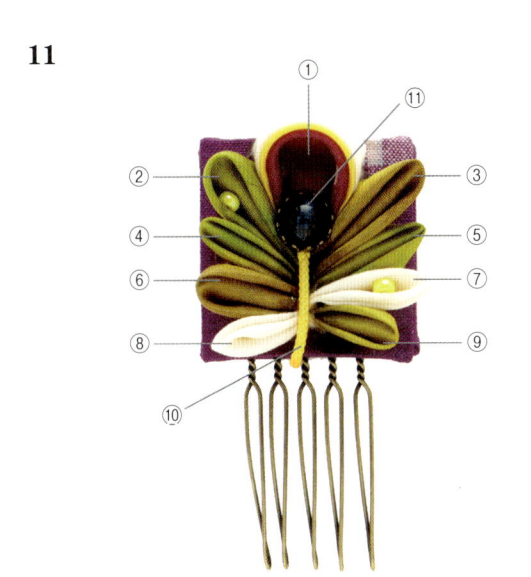

11

7
土台Ⓐも、Ⓑと同様にコームのカーブに沿うように手で折り曲げておく。

8
土台Ⓐの裏全体に木工ボンドをつけ、コームをつけたⒷと貼り合わせる。2枚がしっかり貼り付くように、ボンドが乾くまで洗濯バサミで押えておく。

9
布①～④で丸つまみ6個と⑤⑥で剣つまみ2個を作る。

10
3枚重ね丸つまみを1個作る。布1枚ずつを三角に折り、赤紫、黄、白の順に重ねてから、丸つまみの手順と同様に折って、重ね丸つまみを作る。

11
①～⑨の順番につまみを土台に貼り付ける。

12
土台の中心にアジアンコードをボンドで貼り付け、余分は切る。

13
ビーズをボンドで花座に貼り付ける。その花座をボンドで3枚重ね丸つまみの先端に貼る。

14
②と⑦のつまみの中にビーズをボンドで貼り付けたら、でき上がり。

①……… 3枚重ね丸つまみ
②③…… 3.1cmの布で作った丸つまみ
④⑤…… 2.7cmの布で作った丸つまみ
⑥……… 2.3cmの布で作った丸つまみ
⑦……… 2.3cmの布で作った剣つまみ
⑧……… 1.9cmの布で作った剣つまみ
⑨……… 1.9cmの布で作った丸つまみ

孔雀のコームピン(大)の作り方

用意する材料

＜剣つまみに使う布＞
2.3cm四方×① 15枚(緑11、白4)
2.7cm四方×② 12枚(緑10、白2)

＜3枚重ね丸つまみに使う布＞
3.1cm四方×③ 6枚(白2、水色2、黄1、紫1)

土台用厚紙6.5cm×3.5cm×2枚、6.5cm×2cm×1枚
土台用布9cm×6cm×2枚
コーム本体(約5.5cm)×1個
アジアンコード5.1cm×2本
ビーズ大2個、小2個
花座2個

▶ 土台用の型紙はP108〜にあります。

土台の作り方

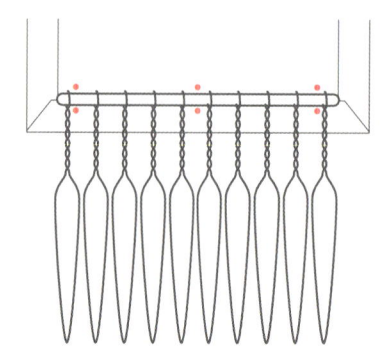

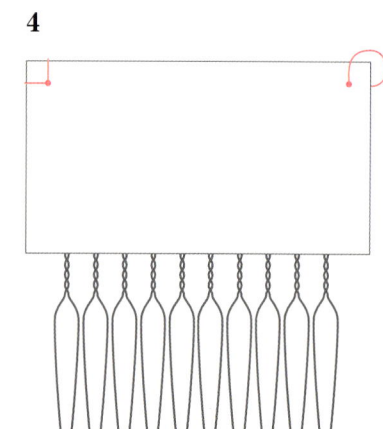

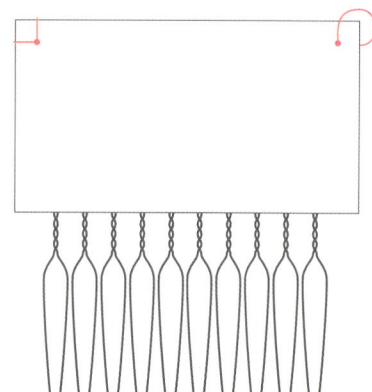

作り方

1
土台を作る。コームピン(小)の作り方を参考に、厚紙と布を貼り合わせる。

2
厚紙6.5cm×3.5cm1枚を使った土台の上にコーム本体を置く。糸で縫い留めるために、両サイドと中央の6カ所に目打ちで穴を空ける。針に糸を2本取りして通し、それぞれ縫い留める。

3
コームピン(小)の**6〜8**の作り方を参考に、2枚の土台をボンドで貼り合わせる。固定させるために、洗濯バサミで7カ所挟む。

4
ボンドが乾いたら、上部分の両サイドに目打ちで穴を開ける。針に糸を、2本取りで通しそれぞれの穴に通しながら、L字に縫い留める。

5
3枚重ね丸つまみを2個作る。(A)が、赤紫、水色、白。(B)が、水色、水色、白の組み合わせで、1枚ずつ三角に折ってから3枚を重ねて丸つまみの要領で作る。

6
布①②で、合計27個の剣つまみを作る。

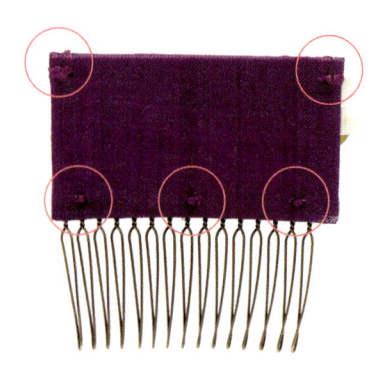

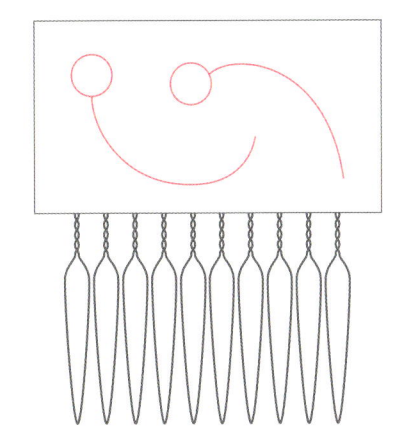

7

土台にチャコペンでつまみをのせるラインを描く。消えるタイプのチャコペンを使うとスムーズ。

8

7で引いた2本のラインに(A)の①から順番につまみを貼り付ける。

9

アジアンコードにボンドをつけて、(A)、(B)それぞれのつまみの間に貼り付ける。

10

ビーズ大をボンドで花座に貼る。その花座をボンドで3枚重ね丸つまみの先端に貼り付ける。ビーズ小を(A)の⑧、(B)の⑨にボンドで貼る。

8

(A)
- ①……………3枚重ね丸つまみ(A)
- ②……………2.7cmの布で作った剣つまみ(白)
- ③〜⑦………2.7cmの布で作った剣つまみ(緑)
- ⑧〜⑩、⑫、⑭⑮…2.3cmの布で作った剣つまみ(緑)
- ⑪、⑬………2.3cmの布で作った剣つまみ(白)

(B)
- ①……………3枚重ね丸つまみ(B)
- ②、④〜⑦………2.7cmの布で作った剣つまみ(緑)
- ③……………2.7cmの布で作った剣つまみ(白)
- ⑧〜⑫………2.3cmの布で作った剣つまみ(緑)
- ⑬、⑭………2.3cmの布で作った剣つまみ(白)

蝶ネクタイモチーフのバレッタの作り方

用意する材料

＜剣つまみに使う布＞
2.3cm四方×10枚（青6、黒4）

土台用厚紙8.5cm×1.5cm×2枚
土台用布12cm×4cm×1枚
バレッタ1個
ビーズ5個

▶ 土台用の型紙はP108～にあります。

❀ 裏面図

Point
バレッタの穴に合わせて、土台厚紙にも目打ちで穴を開ける

Point
縫いかがる糸は、土台の生地と同系色にするとキレイに仕上がる

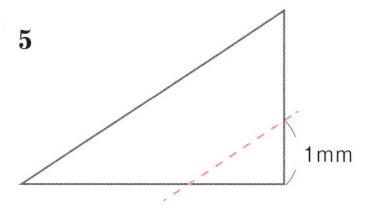

5

1mm

6

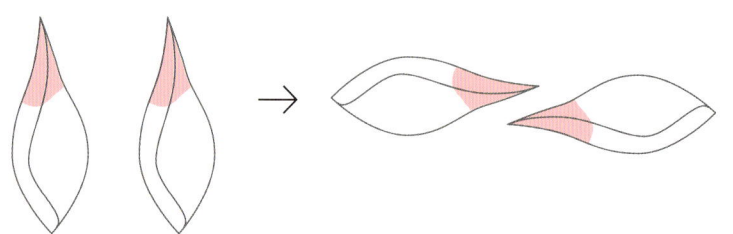

作り方

1
土台用厚紙2枚をボンドで貼り合わせる。土台用布裏面にスプレーのりをかけて厚紙を中央に貼り、布を土台に折りたたむように貼る。

2
1の土台をバレッタに貼り付ける。バレッタのカーブに合うように、厚紙を少し曲げてクセづけてから貼り付けてしっかり乾かす。

3
バレッタの両サイドの穴に目打ちを入れ、厚紙に穴を空ける。その穴に針に通した糸で、バレッタと厚紙を合わせるために、まつり縫いの要領で縫い留める。

4
縫い終わりは裏で玉留めして、余分な糸を切る。

5
剣つまみを10個作り、底辺から1mmの位置で端切りする。

6
裏面のバレッタ留め金部分に当たらないように、2個ずつつまみの先端を合わせて、土台に貼り付ける。

7
ビーズにボンドをつけて、2個のつまみの間に貼り付けたら、出来上がり。

❀ 表面図

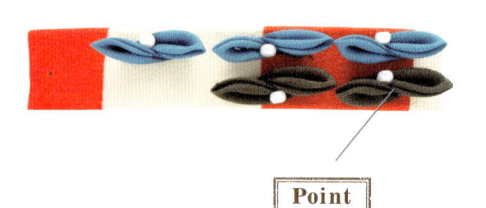

Point
2個ずつ重ねたつまみ同士は重なり合わないように配置するのがポイント

パステルカラーの花びらのバレッタの作り方

用意する材料

<剣つまみに使う布>
2.3cm四方×① 4枚（紫）
2.7cm四方×② 3枚（紫）

<重ね剣つまみに使う布>
2.3cm四方×③ 2枚（薄ピンク）
2.7cm四方×④ 5枚（薄ピンク3、赤orオレンジ2）
3.1cm四方×⑤ 3枚（赤orオレンジ）

土台用厚紙厚紙8.5cm×1.5cm×2枚
土台用布12cm×4cm×1枚
バレッタ1個
ビーズ2個
花座2個

▶ 土台用の型紙はP108～にあります。

作り方

1
蝶ネクタイモチーフと同様の手順で土台を作り、バレッタに貼り付けて糸で縫い留める。

2
①で4個、②で3個の剣つまみを作る。

3
5個の重ね剣つまみを作る。⑤と④で3個、④と③で2個作る。

4
①から順番に半円を描く様に、土台に貼り付ける。

5
2つの半円の花が出来たらビーズにボンドをつけて、花座の中に貼り付けて、その花座にボンドをつけて半円の中心に貼る。

🌸 **裏面図**

Point バレッタは土台の中央に貼り付け、ボンドが乾いてから次の行程へ

Point 糸は裏面でかた結びしたら、結び目をボンドで固定してほつれないようにする

🌸 **配置の注意**

Point バレッタをパチンと留める側には、つまみを乗せないように注意。

4

①③⑥ …… 3.1cm（赤orオレンジ）と2.7cm（薄ピンク）の布で作った重ね剣つまみ
②④⑤ …… 2.7cmの布で作った剣つまみ
⑦⑧⑩⑪ …… 2.3cmの布で作った剣つまみ
⑨⑫ ……… 2.7cm（赤orオレンジ）と2.3cm（薄ピンク）の布で作った 重ね剣つまみ

変形丸つまみと剣つまみ で作る

ラリエット

by ひなぎくさん

レースの上につまみを貼り付けて作る
ガーリーなラリエット。
淡い柄の絽(ろ)の生地を使いました。
つまみを飾る位置に決まりはありません。
ランダムに好きな分量だけつけて、
自分らしいデザインにしてみましょう。

丸つまみ で作る

プチネックレス *by* 葉ちっくさん

1.5cmもの小さな布で作った丸つまみのネックレス。
カメオに使われるような平たいプレートをネックレスチャームにしました。
アンティーク風の風合いが素敵です。シンプルな色で作ったので、普段使いにぴったりですね。

ラリエットの作り方

用意する材料

＜変形丸つまみに使う布＞
1.3cm四方×①60枚（柄布、以下同）
1.5cm四方×②40枚
1.7cm四方×③40枚
2cm四方×④30枚

＜剣つまみに使う布＞
1.3cm四方×⑤40枚
1.7cm四方×⑥26枚
2cm四方×⑦4枚

ひも状のコットンレース1本（約155cm）
コットンのモチーフレース適量
（つまみの花の数分を用意。本作品では21枚使用）
＊直径2〜2.3cm×7枚、1.8cm×14枚
パールビーズ、スワロフスキービーズ適量

Point
つまみに使うのは、絽の生地など柔らかくで比較的薄手の生地を使うとレースとうまくなじみます。

Point
(小)1.3cm、(中)1.5cm、(大1)1.7cm、(大2)2cmとつまむ布ごとに分けて、合計4つのサイズの花を、レースの上にランダムに貼り付ける。

Point
葉の付け方もランダムでOK。こちらも花同様に、大きさを揃えて貼り付けるとキレイに仕上がる。

作り方

1
つまみを貼り付けやすいように、下敷きにひも状のレースをマスキングテープで仮留めする。

2
変形丸つまみを作る。大輪花の2wayクリップ(P27〜)を参考に、布①〜④の4サイズのつまみを作る。

3
布⑤〜⑦で剣つまみを作る。

4
レースの好きな位置に、好きな数だけ、自由に変形丸つまみを貼り付けて花を作る。同じサイズのつまみで1つの花を作るのがポイント。

5
剣つまみは葉として、花びらの間に入れ込むように貼り付ける。

6
花や葉として貼ったつまみが完全に乾いたら、花の大きさのバランスを見ながら、花の中央にパールやスワロフスキーを数個ボンドで貼り付ける。

7
下敷きからレースをはがし、花を作った裏にモチーフレースをボンドで貼り、固定させる。

❀ 裏面

Point
裏面はこちら。つまみを固定させるのはもちろん、ラリエットが裏返しになった時もキレイに見えるようモチーフレースを使う。

プチネックレスの作り方

用意する材料

＜丸つまみに使う布＞
1.5cm四方×24枚（赤）

セッティング台（1.3cm×1.8cm）×1個
銅板（1.3cm×1.8cm）×1個
チェーン40cm×1本
丸カン2個

作り方

1
セッティング台にボンドを薄くつけて、銅板を貼り付ける。

2
丸つまみを24個作る。つまむ布の厚さによっては、増減の可能性がある。

3
丸つまみ13個を銅板の外周に沿って貼り付ける。銅板全体にボンドをつけて、さらに丸つまみの切り口にもボンドをつけてから貼る。これで1段目の出来上がり。

4
2段目を作る。丸つまみ8個を、底辺から1/4程の位置で端切りする。1段目に少しだけかぶさるくらいに内側に円を描くように貼り付ける。

5
丸つまみ3個を、底辺から1/4程の位置で端切りする。つまみの先が中央でぶつかりあうように3個を中央にバランスを見ながら貼り付ける。

6
セッティング台のレース模様部分に丸カンを2個つけて、チェーンとつないだら出来上がり。

丸つまみ で作る

下がり飾りチャーム *by* 葉ちっくさん

下がり飾りにカニカンを付けて、アレンジ自在なアイテムに仕上げました。
キーホルダーや、ヘア飾り、バッグチャームなど、お好みのアレンジをお楽しみください。
色を変えるとまた違った印象も楽しめます。

丸つまみと剣つまみ で作る

お花のヘアゴム

by 葉ちっくさん

大きい丸つまみの中に小さな丸つまみを飾ることで、
存在感のある仕上がりにしました。
ヘアゴムとしてはもちろん、
ナプキンホルダーにチャームとして活用するのも素敵ですね。

下がり飾りチャームの作り方

用意する材料

＜丸つまみに使う布＞
2.5cm四方×34枚（好みの色を）

メタリックヤーン26cm×2本
丸カン小2個、大2個
カニカン2個

※材料は2つ分です

5 〜 7

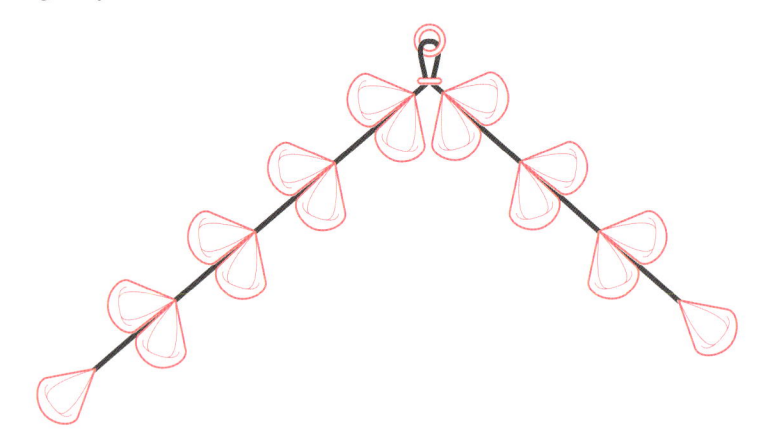

作り方

1
丸つまみを34個作る。

2
メタリックヤーンをアイロンで伸ばし、面を整える。

3
ふたつ折りにしたメタリックヤーンの折り目に丸カン小を通し、ペンチでつぶす。ふたつ折りは長さが対称でなくてもOK。好きな位置で折る。

4
下敷きにマスキングテープでメタリックヤーンをふたつ折りにしたまま仮留めする。

5
カラフルかんざしの作り方（P11〜）の下がり飾りを参考に、丸つまみを2個ずつ、7mm間隔でメタリックヤーンに貼り付ける。

6
一番最後は丸つまみを1個ずつ貼り付け、余ったメタリックヤーンは切る。

7
丸カン大でメタリックヤーンの輪っかとカニカンをつないで出来上がり。つまみの数を変えて作ってもOK。

❀ 表面　　　　　　　　❀ 裏面

お花のヘアゴムの作り方

用意する材料

＜丸つまみに使う布＞
2cm四方×① 4枚（赤）
3.5cm四方×② 4枚（赤）

＜剣つまみに使う布＞
3.5cm×③ 4枚（緑）

土台用厚紙3cm四方×1枚
土台用布4cm四方×1枚
ゴム1本
花芯パーツ1個
チロリアンテープ適量

▶ 土台用の型紙はP108〜にあります。

作り方

1
土台用厚紙にボンドを薄く伸ばして、土台用布の裏面の中央に置く。

2
土台用厚紙の表面の4辺にボンドを塗って、土台用布を折り込む。

3
布③で剣つまみを4個作り、底辺から1/3の位置で端切りする。

4
土台にボンドを塗り、剣つまみの切り口にもボンドをたっぷりつける。土台の中心に先端を合わせて、土台の4角に向かって4個貼り付ける。

5
②の布で4個の丸つまみを作り、底辺から1/4程の位置で端切りする。

6
4で土台に貼り付けた剣つまみの間に、丸つまみを4個貼り付ける。

7
①の布で丸つまみを4個作り、5と同様に端切りする。6の丸つまみの中に貼り付ける。

8
中央にボンドで花芯パーツを貼り付ける。

9
土台の裏にゴムをグルーガンで固定する。その上にさらにグルーをたっぷりとつける。上からチロリアンテープをかぶせて、固定させる。完全に乾いたら出来上がり。

🌸 裏面

Point チロリアンテープが短すぎると、安定感がないので写真のようにゴムに対してやや長めがベター。

重ね丸つまみと剣つまみ
重ね剣つまみ で作る

クラシックかんざし *by* HIMEKOさん

左のかんざしは「紋章」、右は「矢」がモチーフ。
淡いパステル調の布に濃い色を合わせているので、クラシックな印象です。
オリエンタルな雰囲気のグリーンのビーズも素敵です。

丸つまみ、剣つまみ、変形丸つまみ で作る
デザインブローチ
by ひなぎくさん

クラシックなブローチ金具の上に
アート感覚でつまみを飾りました。
花やトンボ、雪の結晶などで季節を表現したり、
合わせたい着物とお揃いのカラーリングにしたりと、
自在に作ってみるのもおすすめです。

クラシックかんざし（紋章）の作り方

用意する材料

<剣つまみに使う布>
1.9cm四方×①3枚（水色）

<重ね丸つまみに使う布>
1.9cm四方×②6枚（山吹）
2.3cm四方×③6枚（赤）
2.7cm四方×④3枚（紺）
3.1cm四方×⑤3枚（白）

土台用厚紙3cm×1.5cm×1枚、3cm四方×2枚
土台用布2.5cm×0.9cm×2枚、
　　　　　2.5cm×1cm×1枚、8cm×4.5cm×1枚
かんざし金具1本
ビーズ大1個、小3個
花座1個

▶ 土台用の型紙はP108～にあります。

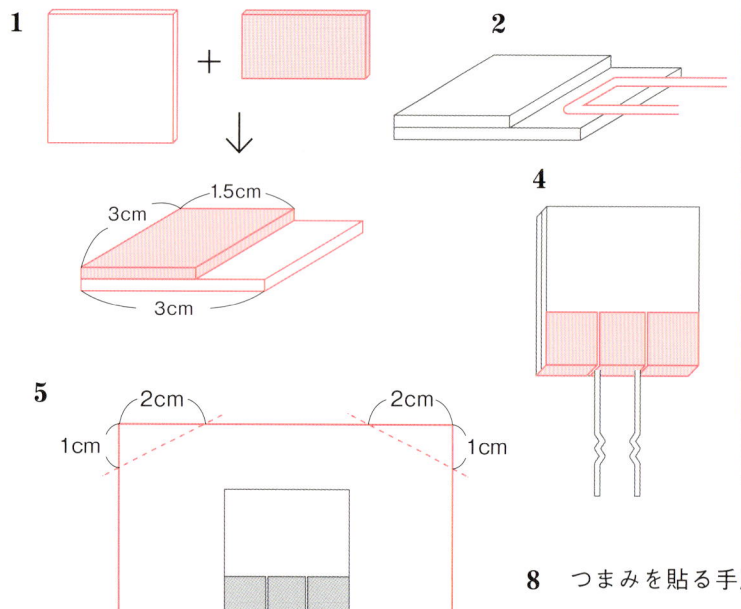

作り方

1
サイズの違う土台用厚紙2枚をボンドで貼り合わせる。

2
1に強力接着剤をのせて、かんざし金具を貼り付ける。楊枝を使って、接着剤をまんべんなく広げてからしっかり乾かす。

3
さらに、ボンドを全体につけて、残った厚紙を貼り付ける。

4
2.5cm×0.9cm（2枚）と2.5cm×1cm（1枚）の土台用布の裏面にスプレーのりをつけて、土台の下部分をUの字に包んで貼り付ける。0.9cmの布は両サイド、1cmの方は中央に。

5
土台用布8cm×4.5cmの裏図にスプレーのりをつけて、土台を下揃えに貼り付ける。布の上部の2角を切る。

6
Ⓐ～Ⓒの順番に折りたたみながら、土台厚紙に布を貼り付ける。厚紙の側面もしっかりと貼り付けること。これで土台の出来上がり。

7
②と③の布で重ね丸つまみを作り、底辺から2～3mmを端切り。④と⑤の布で作る重ね丸つまみは、3～4mm端切りしておく。さらに、布①で剣つまみを3個作る。

8
①～⑫の順番に、土台につまみを貼り付ける。一番最初に大きなつまみから貼り付けるとバランスが取りやすい。

9
花座に強力接着剤でビーズ大をつけて、その花座をつまみ中央に貼り付ける。ビーズ小は剣つまみの中にボンドで貼り付けて、出来上がり。

8 つまみを貼る手順

①～③ …… 2.7cmと3.1cmの布で作った重ね丸つまみ

④～⑨ …… 1.9cmと2.3cmの布で作った重ね丸つまみ

⑩～⑫ …… 剣つまみ

矢モチーフのかんざしの作り方

用意する材料

<重ね剣つまみに使う布>
1.9cm×①14枚（黒）
2.3cm×②14枚（緑）

▶ 土台用の型紙は P108～にあります。

土台用厚紙 5cm×1.3cm×2枚、
　　　　　3.5cm×1.3cm×1枚
土台用布　6cm×3.3cm×1枚、
　　　　　2cm×1cm×1枚
かんざし金具1本
アジアンコード5cm×1本
花座1個
ビーズ1個
スワロフスキー適量

2 3.5cm / 1.3cm / 5cm / 1.3cm

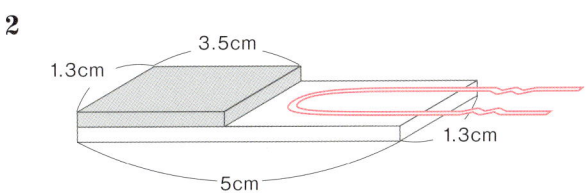

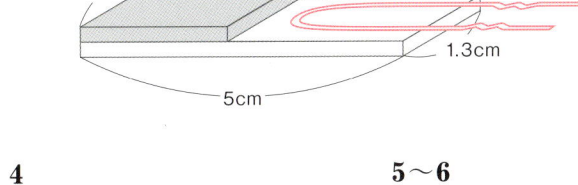

4 1cm

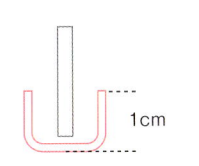

5～6 1.2cm / 1.2cm / 1.5cm / 1.5cm / Ⓐ Ⓑ Ⓒ

9 1cm空ける / 0.5cm空ける

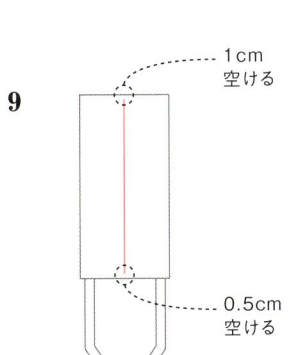

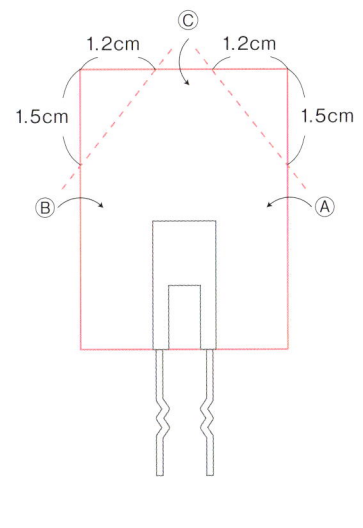

10 つまみを貼る手順
①～⑭

作り方

1
サイズの違う土台用厚紙をボンドで貼り合わせる。

2
1に強力接着剤をのばし、かんざし金具をつける。楊枝でまんべんなく伸ばし、完全に乾くまで置いておく。

3
残りの厚紙にボンドをつけ、2と貼り合わせてからしっかり乾かす。

4
土台用布2cm×1cmをかんざし金具の間の土台をU字に挟むように、スプレーのりで貼り付ける。

5
土台用布6cm×3.3cmの裏面にスプレーのりをつけて、下揃えに土台を貼り付ける。上部2角を切る。

6
Ⓐ～Ⓒの順番に内側に折り込みながら、土台用布を厚紙に貼り付ける。

7
裏面に好みの位置にスワロフスキーを強力接着剤で貼り付ける。完全に乾くまで置いておく。

8
布①②で重ね剣つまみを14個作る。

9
7の反対面につまみを貼り付ける。まずは、チャコペンで縦にまっすぐのラインを、上1cm下0.5cm開けて、中心に引く。

10
①～⑭の順に土台につまみを貼り付ける。

11
中心にボンドをつけて、アジアンコードを貼り付ける。はみ出たコードは切る。

12
花座にビーズを貼り付けてから、土台上部に貼り付けたら出来上がり。

春レースのブローチの作り方

用意する材料

＜剣つまみに使う布＞
1.5cm四方×①6枚（白または淡ピンク）

＜変形丸つまみに使う布＞
1.1cm四方×②10枚（ピンク）

皿付きのブローチ金具
（約3.9cm×4.2cm）×1個
土台用布適量
コットンのモチーフレース1個
スワロフスキー3個

作り方

1　ブローチ金具の皿より7mm程大きく、土台用布を切って土台を作る。
2　モチーフレースをのりで土台に貼る。
3　大輪花の2wayクリップの作り方（P27〜）を参照に②の布で変形丸つまみを作り、①の布で剣つまみを作る。
4　モチーフレースを貼った隣に、変形丸つまみを5個ずつ使って2つの花を作る。土台に貼り付けた後に、根元部分をピンセットで開く。
5　剣つまみは、花と花の間など、葉モチーフとして好きな位置に貼り付ける。
6　つまみが乾いたら、スワロフスキーを花の中心とモチーフレースに貼って、出来上がり。

春の花かごモチーフの作り方

用意する材料

＜丸つまみに使う布＞
1.1cm四方×①15枚（赤）

＜剣つまみに使う布＞
1.1cm四方×②6枚（緑）

皿付ブローチ金具（4.7cm×4.2cm）×1個
土台用布適量
リリアン（レーヨン）適量
極粒ペップ芯9粒

作り方

1　ブローチ金具の皿より7mm程大きく土台用布を切って、土台を作る。
2　①の布で丸つまみを15個、②の布で剣つまみを6個作る。
3　土台の端寄りに密集するように丸つまみで5個ずつ使って3つの花を作る。
4　剣つまみは葉モチーフとして、先端を丸つまみに差し込むように貼り付ける。
5　ペップ芯は根元を切る。花の中心にボンドを付けて、3粒ずつ貼り付ける。
6　リリアンにのりをつけて、ピンセットで渦巻き状に形づけてから土台に置いて、乾いたら出来上がり。

夏のとんぼモチーフの作り方

用意する材料

＜変形丸つまみに使う布＞
1.3cm四方×①4枚（水色系）
1.5cm四方×②4枚（水色系）

皿付ブローチ金具（4.7cm×4.2cm）×1個
土台用布適量
銀糸巻き針金適量
スワロフスキー4粒

作り方

1　ブローチ金具の皿より7mm程大きく、土台用布を切って土台を作る。
2　大輪花の2wayクリップの作り方（P27〜）を参照に布①②で変形丸つまみを作る。
3　銀糸巻き針金で渦巻きを3つ作り、ボンドで土台に貼り付ける。直線に1〜1.5cm程切った針金を2本、とんぼの軸として貼り付ける。
4　3で貼った直線の針金に変形丸つまみを貼り付ける。同じサイズ同士で4個ずつ貼り、とんぼの羽とする。
5　とんぼの目として、スワロフスキーを貼り付けて、出来上がり。

1　土台の張り付け方

★「デザインブローチ」全作品共通です

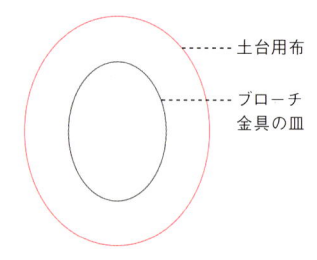

ブローチ金具の皿より一回り大きめに布を切る

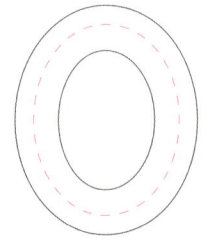

周りを糸で縫う

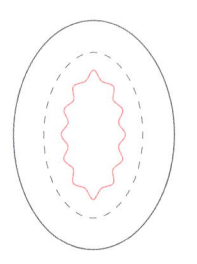

ブローチ金具の皿に布をかぶせるように糸を引き絞ってから、糸を結び余分を切る

グルーガンでブローチの土台に接着する

秋の葡萄モチーフの作り方

用意する材料

＜変形丸つまみに使う布＞
1.3cm四方×①11枚（柄）
1.5cm四方×②10枚（柄）

皿付きブローチ金具（4.7cm×4.2cm）×1個
土台用布適量
ビーズ適量
スワロフスキー適量

作り方

1. ブローチ金具の皿より7mm程大きく、土台用布を切って土台を作る。
2. 大輪花の2wayクリップの作り方（P27〜）を参照に①と②の布で合計21個の変形丸つまみを作る。
3. 土台の端に②の布で作った変形丸つまみを3個貼り付ける。これが1段目。（図A）
4. 3から半円を描くように、1段目のつまみの間に貼り付ける。これを繰り返し、②の変形丸つまみがなくなったら、①の変形丸つまみを貼り付ける。
5. つまみが乾いたら、3で貼り付けたつまみの先端にボンドをつけてビーズを適量貼付ける。
6. バランスをみながら、土台やつまみに大小のスワロフスキーを適宜貼り付けたら出来上がり。

冬のプレゼントモチーフの作り方

用意する材料

＜剣つまみに使う布＞
1.1cm四方×①11枚（柄）
1.5cm四方×②15枚（柄）

皿付きブローチ金具（直径約4.5cm）×1個
土台用布適量
花型ビーズ1個

作り方

1. ブローチ金具の皿より7mm程大きく、土台用布を切って土台を作る。
2. ①と②の布で、剣つまみを計26個作る。
3. 土台の右斜め上の位置に、①の布で作った5個の剣つまみで半円を描くように貼り付ける。（図B）
4. 3を基点に両サイドに広げるように、土台の円周に沿ってつまみを貼り付ける。最初は①の剣つまみを使い、下のほうにいくにつれて、②の剣つまみを貼り付けて立体感を出す。
5. つまみが乾いたら、花型のビーズをボンドで中心に貼り付けて、出来上がり。

雪の結晶モチーフの作り方

用意する材料

＜剣つまみに使う布＞
1.1cm四方×①12枚（白）
1.3cm四方×②22枚（白）

皿付きブローチ金具（5cm×4.2cm）×1個
土台用布適量
スワロフスキー適量

作り方

1. ブローチ金具の皿より7mm程大きく、土台用布を切って土台を作る。
2. ①と②の布で計34個の剣つまみを作る。
3. 結晶のモチーフを作る。①の布で作った剣つまみ12枚で花の形になるように土台に貼り付ける。
4. 3のつまみの間に②の布で作った剣つまみを2個貼り付け、さらにその間に1個貼り付ける。（図C）これを5回繰り返す。
5. 余った剣つまみは、雪の結晶の破片をイメージして貼り付ける。
6. つまみが乾いたら、スワロフスキーを全体に散らばるようにボンドで貼り付けたら出来上がり。

モチーフの張り付け方

A

B

C

剣つまみ で作る

剣菊のヘアクリップ *by* ひなぎくさん

剣つまみだけのシンプルなつまみは、
柄布を使うとグラデーションが出て奥行きのある仕上がりに。
土台にはサイズの違う3枚の厚紙を重ねることで、華やかで立体感のある作品になりました。

変形丸つまみ で作る

桜モチーフのヘアゴム *by* ひなぎくさん

丸つまみのふくらみをハート型にして、桜の花びらモチーフに。
ペップ芯をたくさん使うことで繊細に女の子らしく見えます。
小さなお子さんから大人まで幅広く好まれるデザインです。

剣菊のヘアクリップの作り方

用意する材料

<剣つまみに使う布>
1.3cm四方×① 12枚(柄)
1.5cm四方×② 12枚(柄)
1.7cm四方×③ 12枚(柄)
2cm四方×④ 48枚(柄)

土台用厚紙直径2cm、3cm、4cm×各1枚
土台用布直径4cm×2枚、7cm×1枚
ヘアクリップ1個
葉のチャーム1個
ビーズ1個
花座1個

▶ 土台用の型紙はP108〜にあります。

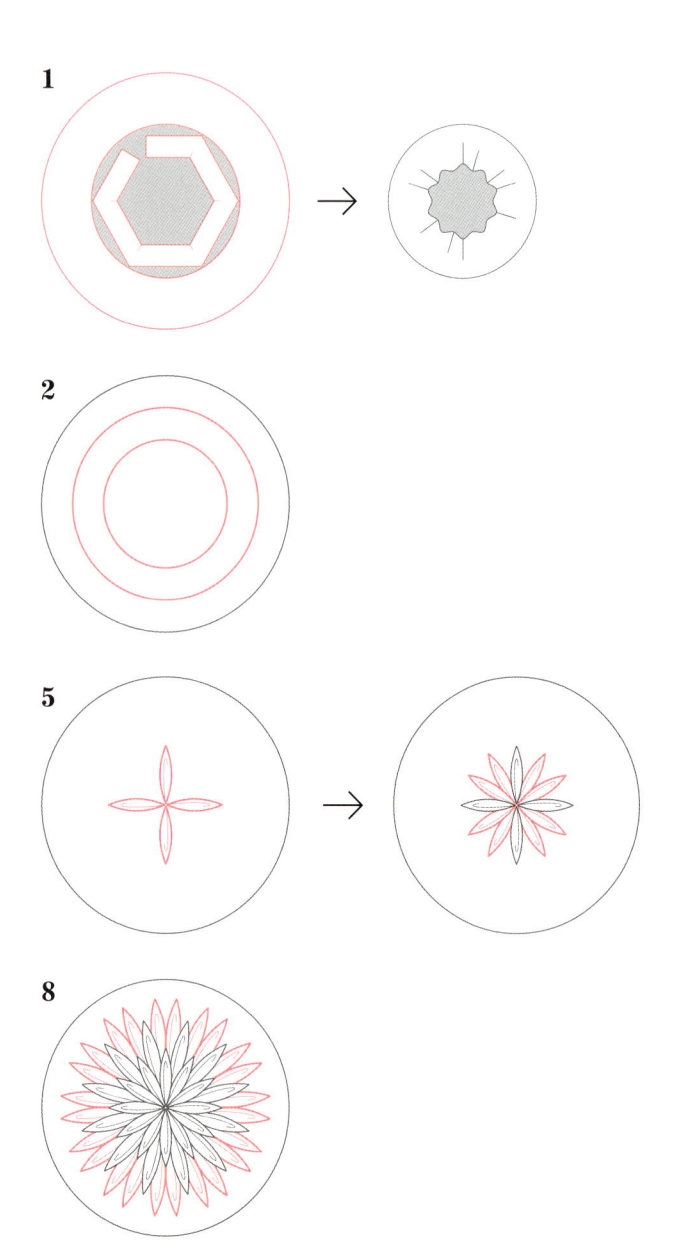

作り方

1
大輪花の2wayクリップの作り方(P27〜)を参考に土台を作る。土台用布直径7cmに厚紙4cmを貼り、両面テープを厚紙に付けて布を折り込みくるむ。

2
1で折り込んだ面に厚紙を直径3cm、2cmの順番にボンドで貼り付ける。

3
ボンドが乾いたら、土台用布直径4cmをのりで貼り付ける。布にのりをつけてから、ピンセットで持ち上げて、厚紙にかぶせるとスムーズ。

4
土台にグルーガンでグルーをつけて、葉のチャームを貼り付けてから再びグルーガンでヘアクリップに貼る。裏返して4cmの土台用布をヘアクリップ側からも貼り付けて補強する。

5
①の布で剣つまみを12個作り、土台の中心に先端を揃えて、花の形になるように貼り付ける。最初に対角線上に十字に貼り付けてから、その間に2個ずつ貼るとスムーズ。これで1段目の出来上がり。

6
2段目用に、②の布で剣つまみを12個作る。1段目のつまみの間に1個ずつ差し込みながら貼り付ける。

7
3段目は、③の布で剣つまみを12個作り、2段目の間に1個ずつ差し込みながら貼り付ける。

8
4段目は、④の布で剣つまみを24個作り、3段目の間に2個ずつ差し込みながら貼り付ける。

9
5段目も4段目と同様に、④の布で24個の剣つまみを作り、4段目の間に1個ずつ差し込みながら貼り付ける。これで剣菊のベースが出来上がり。

10
つまみののりが乾いたら、中心に花座をボンドで貼り付ける。花座の中心にボンドをおき、ビーズを重ねて、出来上がり。

桜モチーフのヘアゴムの作り方

用意する材料

＜変形丸つまみに使う布＞
2cm四方×21枚（ピンク）

土台用厚紙直径2cm、3.5cm×各1枚
土台用布直径3.5cm、6cm×各1枚
ヘアゴム1個
極小ペップ芯適量
レース編み用の太めの糸適量

▶ 土台用の型紙はP108～にあります。

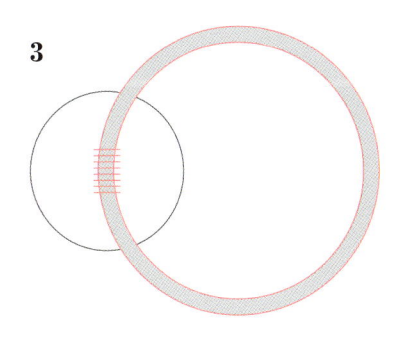

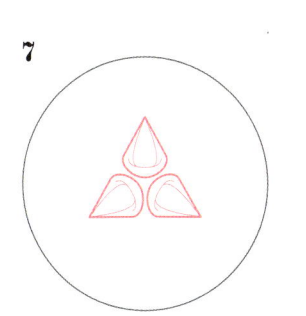

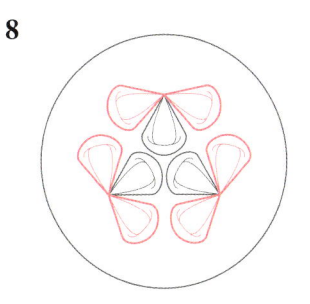

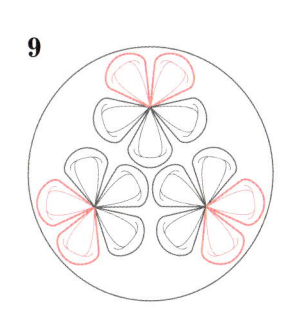

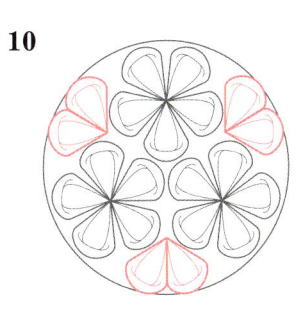

作り方

1
土台用厚紙直径3.5cmに両面テープをつけ、土台用布直径6cmの中央に貼り付ける。

2
厚紙の外周に両面テープを貼り、布を折り込みながらくるむ。

3
レース編み用の太めの糸で、ゴムを土台に縫いかがりながら付ける。

4
ゴムを縫い付けた反対側の面に、土台用厚紙直径2cmをボンドで貼る。

5
ボンドが乾いたら、**4**の上に土台用布直径3.5cmをのりで貼る。

6
丸つまみを21個作る。

7
土台の中心に、つまみの先端を外側にして3個貼り付ける。

8
7の両サイドに2個ずつ、先端を合わせて貼り付ける。

9
8でつけた隣に、さらにもう2個ずつ貼り付ける。これで桜の花のベースが3個できた状態。

10
丸つまみ2個ずつを花の間に、先端を中心に向けて貼り付ける。

11
すべてのつまみのふくらみ部分を、七五三のかんざしの作り方（P48～）を参考に、楊枝で押し桜の花びらの形に整え変形丸つまみにする。

12
ペップ芯を0.5～1cm程の長さに切る。

13
長めのペップ芯は花びらの中に、短めのペップ芯は花の中央にのりで貼り付ける。

14
のりが乾いたら、出来上がり。

重ね丸つまみと重ね剣つまみ で作る

うさぎチャームのバレッタ

by 葉ちっくさん

イメージは不思議の国のアリス。
重ね丸つまみを重ねてハートモチーフを作って、うさぎのチャームを飾りました。
チャームやテープレースなど現代の素材と合わせるだけで、新鮮なイメージに仕上がります。

剣つまみ で作る

蝶々モチーフのピアス

by 葉ちっくさん

真っ白な布だけで作ったエレガントなピアス。
耳元で揺れるフックタイプにしました。
つまみの裏は見えても可愛いようにモチーフレースを貼り付けました。

うさぎチャームのバレッタの作り方

用意する材料

＜重ね丸つまみに使う布＞
2cm四方×①6枚（緑）
2.3cm四方×②6枚（赤）

＜重ね剣つまみに使う布＞
2cm四方×③3枚（白）
2.3cm四方×④3枚（赤）

土台用厚紙9.5cm×2.1cm×1枚
土台用布10.5cm×3.1cm×1枚
バレッタ金具（8cm×1cm）×1個
グログランリボン（表用）2.5cm幅×13cm×1枚、
（裏用）1.3cm幅×10cm×1枚
テープレース13cm×1本
うさぎのチャーム1個

▶ 土台用の型紙はP108～にあります。

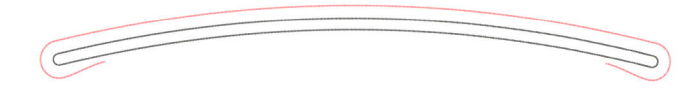

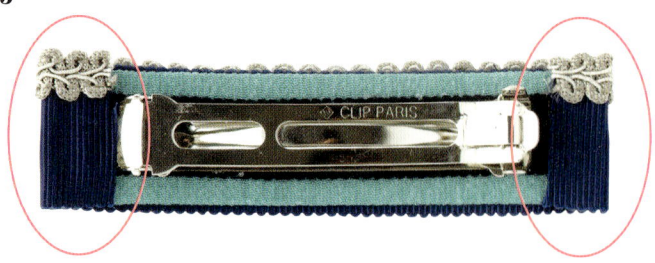

作り方

1
バレッタ金具にボンドを薄く伸ばし、グログランリボンの裏用を貼り付けて、両サイドは裏面に折り返しボンドで貼る。

2
土台用布で厚紙をくるむ。厚紙にボンドをつけて、布の中央に置き、のりしろは裏面に折り返し、ボンドで留める。

3
1と**2**を貼り合わせる。両端を洗濯バサミで挟み、固定する。

4
グログランリボン表用の端から2.5cmの位置にうさぎチャームを縫いつける。**3**にボンドを薄く伸ばし、リボンを貼り付り合わせる。両サイドは裏面に折り返し、ボンドで貼り付ける。

5
グログランリボンを貼った表面の上部にテープレースをボンドで貼り付ける。リボンと同様に両サイドの余りは、裏面に折り返し、ボンドで貼り付ける。

6
①と②の布で、重ね丸つまみを6個作る。底辺から1/4程の位置で端切りする。

7
③と④の布で、重ね剣つまみを3個作る。底辺から1/3程の位置で端切りする。

8
重ね丸つまみを2個ずつ、先端同士をボンドで貼り合わせハートの形にする。

9
うさぎのチャームの横に**8**を1個貼り付け、重ね剣つまみをその間に差し込む。これを2回繰り返したら、出来上がり。

蝶々モチーフのピアスの作り方

用意する材料

＜丸つまみに使う布＞
2cm四方×①8枚(白)

＜剣つまみに使う布＞
2cm四方×②16枚(白)
2.5cm四方×③2枚(白)

土台用厚紙直径2cm×2枚
土台用布2.5cm四方×2枚
シュガービーズ2粒
パールビーズ8粒
地巻きワイヤー9cm×2本
モチーフレース2枚
9ピン6本
ピアスフック1セット

▶ 土台用の型紙はP108〜にあります。

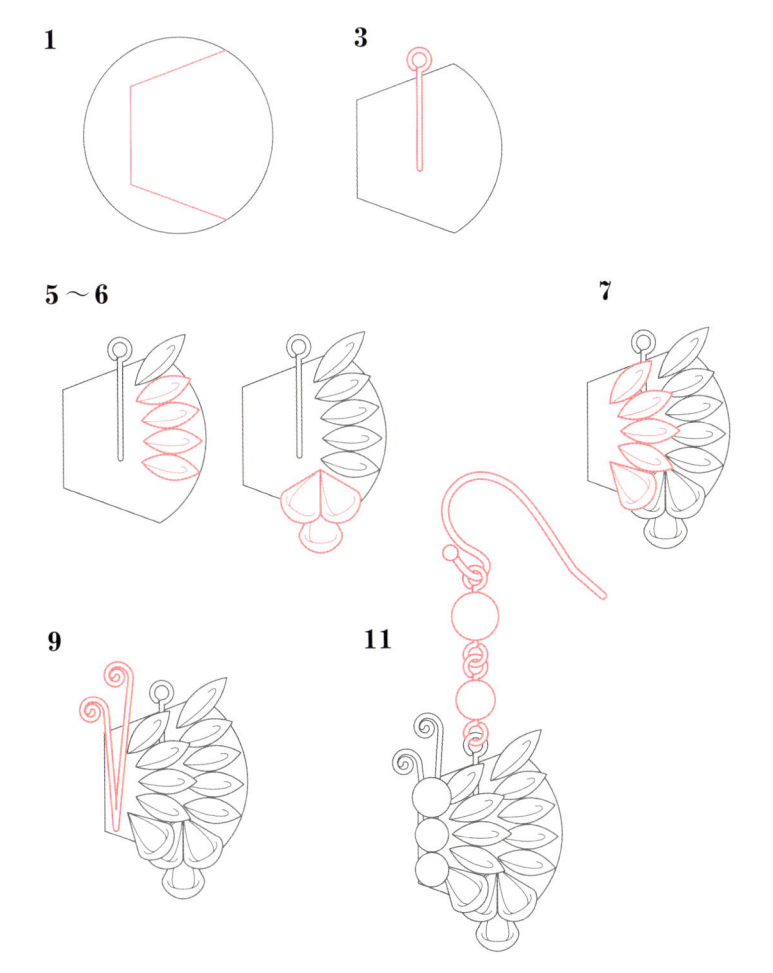

作り方

1
直径2cmの土台用厚紙を図のように切る。

2
1の厚紙を土台用布に貼り付けてくるむ。

3
土台の裏側(布をくるんだ面)に、9ピンを1本ボンドで貼り付ける。

4
③の布で剣つまみを1個作る。底辺から1/3程の位置を端切りする。土台の上端(9ピンに近い側)に貼り付ける。

5
②の布で剣つまみを4個作り、底辺から1/3程の位置を端切りする。それを土台の外周に沿って、4の隣から順に貼り付ける。

6
①の布で丸つまみを3個作り、底辺から1/4の位置を端切りする。それを、5の剣つまみの隣に2個貼り付ける。その2個の間に丸つまみ1個を差し込むように貼り付ける。

7
②の布で剣つまみを4個、①で丸つまみを1個作り、剣つまみは底辺から1/3、丸つまみは1/4程の位置で端切りする。5〜6のつまみの内側に、半円を描くように剣つまみと丸つまみを貼り付ける。

8
地巻きワイヤーをふたつ折りにして、少しだけ長さを互い違いになるようにずらす。ヤットコで先端を丸めて、これが触覚になる。

9
台紙のサイド(内側)にワイヤーを縦にボンドで貼りつける。

10
9のワイヤーの上(土台に接している部分)にボンドでパール粒を貼り付ける。

11
シュガービーズとパールビーズにそれぞれ9ピンを通し、ふたつをつなぎ合わせる。これを、ピアスフックと土台の9ピンとつなぎ合わせる。

12
裏面にはモチーフレースをボンドで貼る。同じものを左右対称になるようにもう1つ作ったら、出来上がり。

丸つまみと剣つまみ で作る

剣菊のカチューシャ *by* ひなぎくさん

剣つまみで作った菊のつまみは、かんざしに用いられることが多いですが、あえてカチューシャに。そうすることによって、髪の短い人も使えます。グラデーションのついた布を使うのが、華やかに仕上げるポイント。

変形丸つまみ で作る

バラのカチューシャ *by* ひなぎくさん

つまみの間にレースを飾り、ラブリーに仕上げたカチューシャ。
洋服にさりげなく合わせられるように、つまみ飾りを小ぶりにしました。
下がり飾りの代わりにつけたレースが、ガーリーさを印象付けます。

剣菊のカチューシャの作り方

用意する材料

<丸つまみに使う布>
2cm四方×①57枚（紫）

<剣つまみに使う布>
1.3cm四方×②12枚（紫）
1.5cm四方×③12枚（紫）
1.7cm四方×④12枚（紫）
2cm四方×⑤24枚（紫）
2.2cm四方×⑥48枚（紫）

土台用厚紙直径2.5cm、3.5cm、4.5cm×各1枚
土台用布直径4.5cm、7.5cm×各1枚
カチューシャ1本
ペップ芯28本
フェルト直径4.5cm×1枚
地巻きワイヤー 5cm×3本、9cm×1本
リリアン（レーヨン）25cm×3本

▶ 土台用の型紙はP108～にあります。

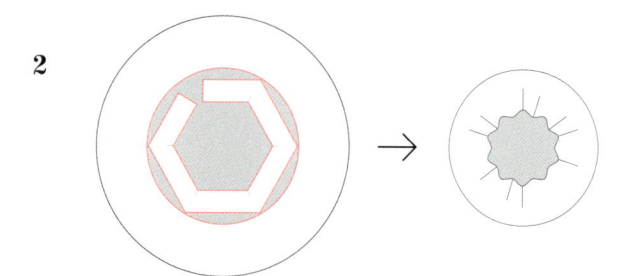

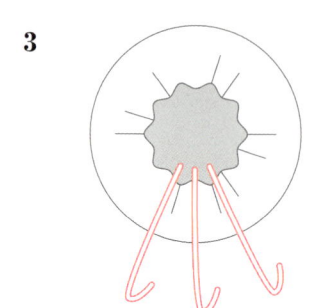

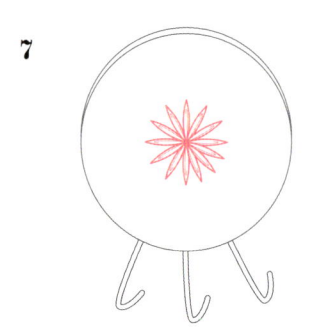

作り方

1
土台用厚紙直径4.5cmに両面テープを貼り、土台用布直径7.5cmに貼り付ける。

2
1の厚紙の外周に沿って両面テープを貼り、厚紙を布でくるむように貼る。9cmの地巻きワイヤーを表から裏に差し、作業用の持ち手を作る。このワイヤーは剣菊モチーフが出来上がったら根元から切る。

3
下がり飾りを吊るす5cmの地巻きワイヤーをくの字に曲げ、3本を1.5cm間隔で土台にボンドで貼り付ける。

4
土台用厚紙直径3.5cmを土台にボンドで貼り付ける。ボンドが乾いたら、その上に厚紙直径2.5cmを貼る。

5
土台用布4.5cmにのりをたっぷり付けて、土台の厚紙にかぶせるように貼り付ける。

6
②～⑥の布すべてで、剣つまみを作る。

7
②の布で作った剣つまみ12個を土台の中心に貼り、1段目の花を作る。最初に中心に4個のつまみを十字に貼り付けてから、その間を埋めるように貼り付けるとキレイ。

8
2段目は③の布で作った剣つまみ12個を、1段目のつまみとつまみの間に差し込むように、貼り付ける。

9
3段目は④の布で作った剣つまみ12個、4段目は⑤の布の剣つまみ24個、5段目は⑥の布の剣つまみ24個を順番に貼り付ける。

10
最後の6段目は布⑥で24個剣つまみを作り、5段目に貼り付けたつまみと同じラインになるように、1つおきに貼り付ける。乾いたら持ち手用のワイヤーを根元から切っておく。これで剣菊の出来上がり。

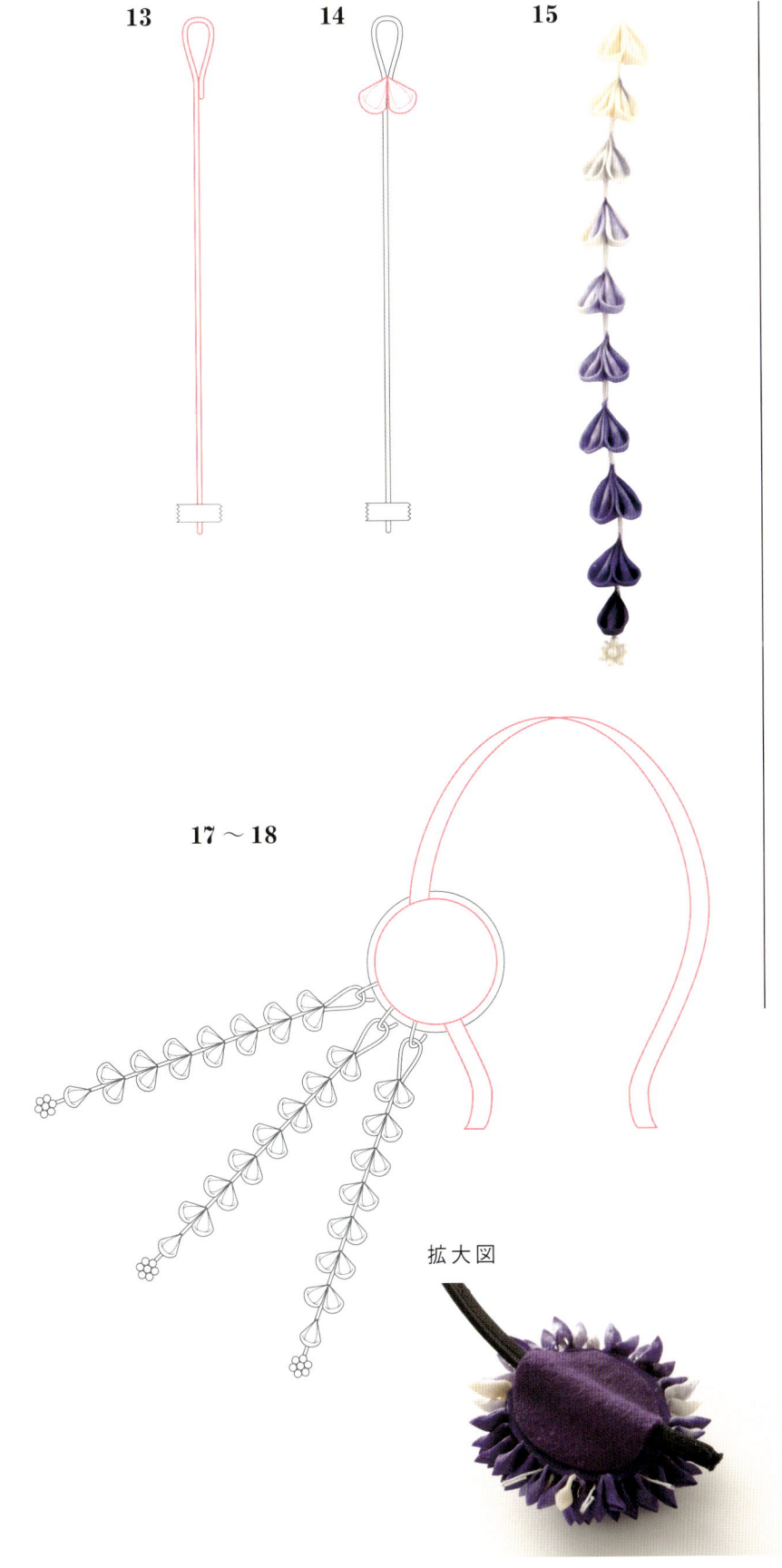

11
ペップ芯は大輪花の2wayクリップの作り方（P27～）を参考に7本ずつボンドでひとまとめにする。これを4個作り、その内1個を、**10**の中心にボンドで貼り付ける。

12
下がり飾り用として、①の布で丸つまみを57個作る。

13
リリアンの片サイドを丸めて輪っかを作り、のりで固定する。逆サイドは、作業しやすいように下敷きにテープで固定しておく。

14
丸つまみ2つをハート型になるように、**13**で作った輪っかのすぐ下に貼り付ける。

15
14の下から5mm間隔で、同様に2個ずつ計9セットの丸つまみを貼り付ける。一番下は丸つまみを1個貼る。同じものを3本作る。

16
11で作ったペップ芯をリリアンの先端に1個ずつボンドで貼り付ける。これで下がり飾りの出来上がり。乾くまで置いておく。

17
土台をヘアバンドに貼り付ける。鏡を見て、ヘアバンドを付けて、土台を貼り付ける位置を決めたら、土台の裏にグルーガンでグルーを付けてからヘアバンドに貼る。ヘアバンド側からフェルトをボンドで貼り付け補強する。

18
下がり飾りの余分なリリアンを切り、土台に付けた地巻きワイヤーに下がり飾りをつけたら、出来上がり。

拡大図

バラのカチューシャの作り方

用意する材料

＜変形丸つまみに使う布＞
2.5cm四方×23枚（柄）

土台用フェルト直径2.5cm×1枚
カチューシャ1本
コットンレース34cm、22cm、20cm、14cm×各1本、4cm×3本
パールビーズ1個
ヘアゴム1本

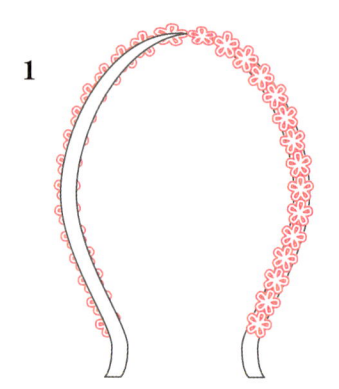

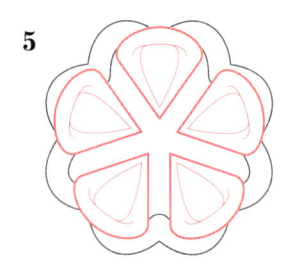

▶ 土台用の型紙はP108〜にあります。

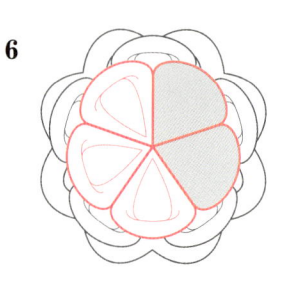

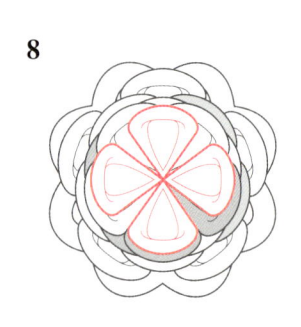

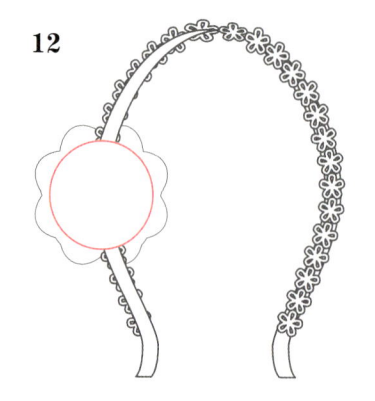

作り方

1
カチューシャの両端を2.5cmずつ空けて、34cmのレースを、カチューシャの表面にボンドで貼り付ける。

2
20cmのレースをギャザーを寄せながら円形に縫い、両端を糸で縫い留める。

3
2を下敷きに置く。

4
2.5cm四方の布で23個の変形丸つまみを作る。バラのストラップの作り方参照（P41〜）。

5
変形丸つまみを**3**のレースのフレームの内側に5個貼り付ける。これで1段目の出来上がり。

6
2段目は1段目のつまみの間に3個貼り付けてから、4cmのレースをつまみ2個分の代わりに貼り付ける。レースの下半分にのりをつけてギャザーを寄せて貼り付ける。

7
3、4、5段目は、2段目と同様に、3個のつまみとレースを貼り付ける。ただし、レースの位置は2段目と重ならないように注意。

8
6段目はレースを使わず、4個のつまみを円形になるように貼り付けてバラの中心とする。これでバラのベースが出来上がり。

9
中心にパールビーズをボンドで貼り付け、乾くまで置いておく。

10
22cmのレースを半分に折り、折り目と14cmのレースの先端を重ねて、ヘアゴムと一緒に糸で縫い留める。これが下がり飾りとなる。

11
9が完全に乾いたら、下敷きから外し、カチューシャにグルーガンで貼り付ける。

12
土台の裏に、土台用フェルトをカチューシャを挟むようにボンドで貼り付ける。

13
10の下がり飾りをゴムでカチューシャに巻き付けたら、出来上がり。

丸つまみ で作る

くす玉のかんざしと帯飾り

by 葉ちっくさん

一見難しそうなイメージがあるくす玉ですが、
初めての人でも作りやすいように特別にアレンジしました。
帯飾りとかんざしは、使う分量はすべて同じですが、端切りするかしないかで印象が変わります。

丸つまみ で作る

下がり飾り付き2wayクリップ

by 葉ちっくさん

ボリュームのある椿モチーフのつまみにはちりめん布をチョイス。
ふわっとした質感が出せるので、椿モチーフを作るのにぴったりです。
下がり飾りは取り外しができるように作りました。

くす玉のかんざしの作り方

用意する材料

<丸つまみに使う布>
2cm四方×56枚
（赤5・黄色4・黒6・緑41枚）

スチロール球（2.5cm）×1個
スチロール球をくるむ布5cm四方×1枚
かんざし金具1個
丸カン2個
カニカン1個
タッセル1本
テグス適量

1〜2

3

5

6

8

作り方

1

楊枝でスチロール球をさして、全体にボンドを塗る。

2

布の真ん中にスチロール球をのせる。4角を折り、球をくるんで、余りのヒダの部分は球のかたちに沿わせて切る。

3

布を球になじませる。キレイに球の形に整えてから、楊枝を抜き、反対側に差し替える。楊枝を抜いた所が中心になるようにする。

4

丸つまみを56個作る。そのうち、7個（緑）だけは底辺から1/4程の位置で端切りする。

5

球の上半分にボンドを薄く伸ばす。球の中央に4で端切りした7個を時計周りに貼り付ける。

6

2段目以降は、つまみを端切りなしで貼り付ける。1段目のつまみとつまみの間に順番に7個貼り付けてから、その間にさらに7個貼る（1段目と同じラインに置いてある状態）。

7

3、4段目は2段目と同じラインにつまみ14個を貼り付ける。

8

5段目は、4段目のつまみと同じライン上に1個おきに貼り付ける。

次のページに続く ▶

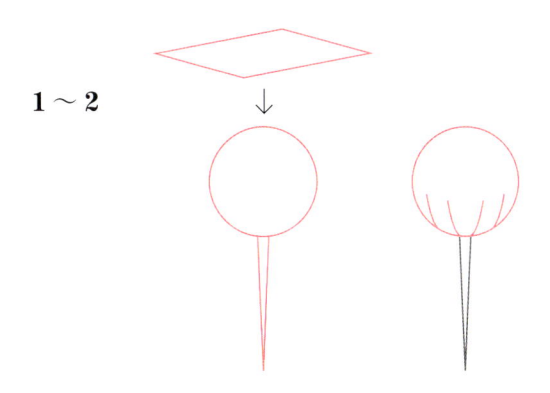

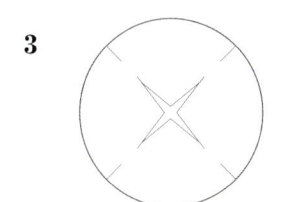

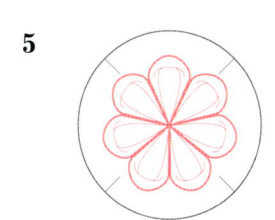

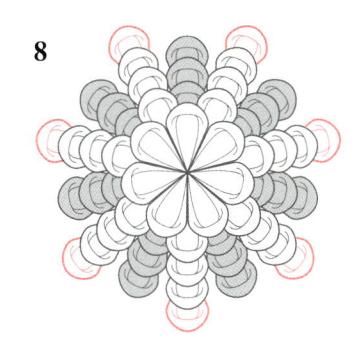

9

11

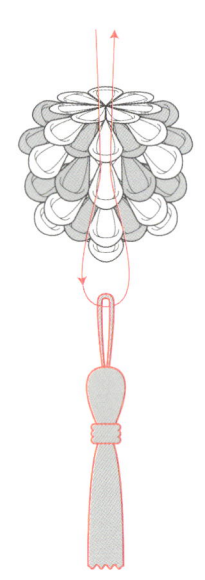

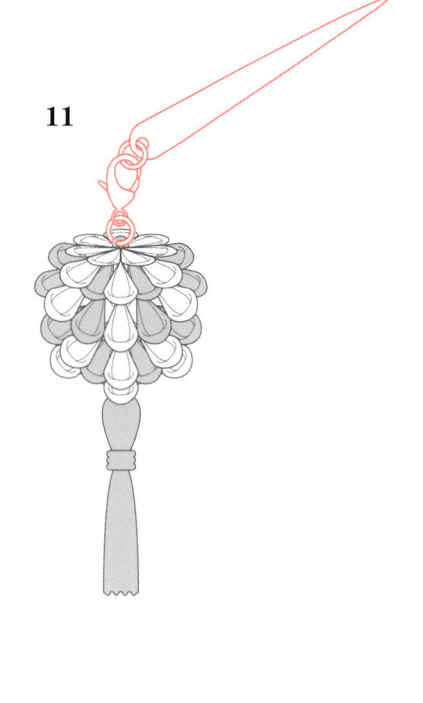

9

楊枝を外し、球の上に空いている穴にテグスを通す。下まできたら、タッセルの輪っかに通し、テグスを再び下から上に通す。

10

テグスを上に引っぱり、タッセルの紐を上にひっぱり出す。

11

丸カンをタッセルの輪っかに通し、カニカンとつなぐ。さらにもうひとつの丸カンで、カニカンとかんざしパーツをつないで出来上がり。

くす玉の帯飾りの作り方

用意する材料

<丸つまみに使う布>
2cm四方×56枚(ピンク)

スチロール球(2.5cm)×1個
スチロール球をくるむ布5cm四方×1枚
帯飾りプレート1個
ストラップパーツ1個
鈴1個
丸カン1個
カニカン1個
テグス適量

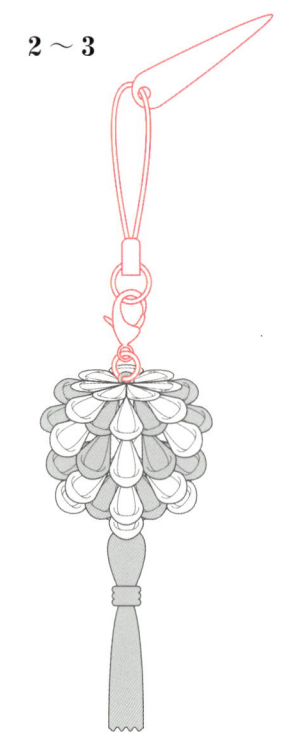

2〜3

作り方

1

スチロール球で土台を作り、丸つまみを貼り付けるところまでは、くす玉のかんざしの作り方とすべて一緒。ただし、すべての丸つまみは底辺から1/4程の位置で端切りする。

2

かんざしの作り方と同様に、テグスを穴に通し、タッセルをつける。タッセルの輪っかに丸カンを通し、ストラップパーツをつける。

3

ストラップパーツのひもを帯飾りプレートにつけて、最後に鈴を丸カンでタッセルにつけたら、出来上がり。

下がり飾り付き2wayクリップの作り方

用意する材料

<丸つまみに使う布>
2.5cm四方×①18枚（赤8、白10）
3.5cm四方×②9枚（赤）
4cm四方×③6枚（赤）

土台用厚紙直径4cm×1枚
土台用布4.5cm四方×1枚
2wayクリップ1個
メタリックヤーン26cm×1本
鈴2個
丸カン大1個、小1個
カニカン1個
花座1個
ビーズ1粒

▶ 土台用の型紙はP108〜にあります。

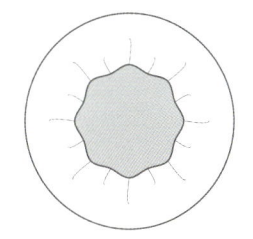

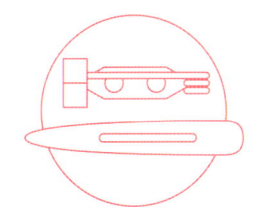

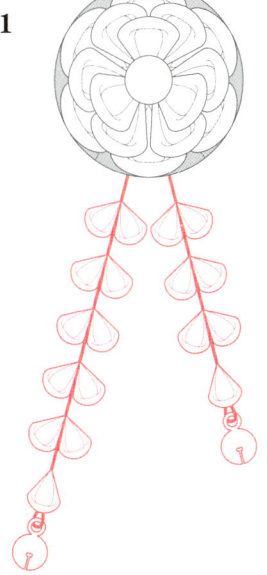

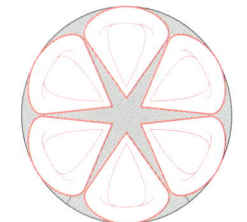

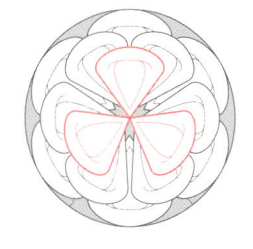

作り方

1
土台用布の中央に厚紙を置き、厚紙を布でくるむようにボンドで貼り付ける。

2
1が乾いたら、2wayクリップに貼り付ける。

3
②と③の布で丸つまみを合計15個作る。

4
③の布で作った丸つまみ6個を、底辺から1/4程の位置で端切りする。

5
4を土台の外周に沿って貼り付ける。これで1段目の出来上がり。

6
②の布で作った丸つまみのうち6個は、底辺から1/5程の位置で端切りする。1段目のつまみとつまみの間をまたぐように貼り付ける。

7
②の布で作った丸つまみ3個は端切りをせず、2段目のつまみとつまみの間をまたぐように貼り付ける。

8
7の中央に花座をボンドで貼り付け、その中にビーズを貼り付ける。

9
下がり飾り用に、①の布で丸つまみを18個作る。

10
下がり飾りチャーム の作り方（P74）と同じ要領で下がり飾りを作る。

11
メタリックヤーンの両端に鈴を通して、輪っかにしたら、つまみの裏側でボンドで留める。

12
下がり飾りを、2wayクリップのブローチピンに取り付けたら出来上がり。

作品左から

重ね丸つまみ　　丸つまみ　　丸つまみ、重ね丸つまみ、重ね剣つまみ　で作る

バッグチャーム　*by* 葉ちっくさん

パステル系とビビットカラーにモノトーンベースと、3種類のチャームを作りました。
つまみ方と色合わせでこんなにも雰囲気の違うテイストに仕上がります。

黄×ブルーのバッグチャームの作り方

用意する材料

<重ね丸つまみに使う布>
1.7cm四方×①30枚（水色）
2cm四方×②30枚（黄）
2.2cm四方×③12枚（水色）
2.5cm四方×④12枚（黄）

土台用布5.5cm四方、直径3.5cm×各1枚
スチロール球（3.5cm）×1個
ビーズ適量
飾りビーズ2個
シルクチェーン12cm×1本
丸カン大2個、小2個
カニカン大1個
Tピン2個
9ピン1個

▶ 土台用の型紙はP108～にあります。

作り方

1. スチロール球を半分よりも少し上でまっすぐに切る。
2. スチロール球の平たい面にボンドを塗り、5.5cmの土台用布の真ん中に貼る。
3. 球全体にボンドを塗り、土台用布をつつむように貼り付ける。ヒダになった部分は、球の丸みに沿わせながら切る。
4. 3.5cmの土台用布でスチロール球のてっぺんをつつむように貼り付ける。これで土台の出来上がり。半くすの2wayクリップの作り方参照（P58～）。
5. 布①と②（A）、布③と④（B）のペアで重ね丸つまみを合計42個作る。
6. （A）の重ね丸つまみ6個は底辺から1/4の位置で端切りして、土台の中心を基点に、花の形になるように貼り付ける。これが1段目になる。
7. 2段目は、（A）の重ね丸つまみを1段目のつまみとつまみの間に6個貼り付ける。さらに、その間に6個を貼り付ける。
8. 3段目は、（A）の重ね丸つまみを2段目のつまみとつまみの間に12個貼る。さらに、その間に（B）を12個貼り付ける。これでベースが出来上がり。
9. 4段目の花びらと花びらの間の土台に目打ちで穴を空けて、穴にボンドをつけてから9ピンをさす。
10. その9ピンの穴に丸カン大をつけて、チェーンとつなぐ。
11. つまみの中央にボンドをつけて、ビーズを適量ぱらぱらと貼る。
12. 飾りビーズ2個にTピンをつけて先端を丸め、丸カン小とつなぎ、チェーンの好きな位置につける。
13. チェーンの端に丸カン大を通し、カニカンをつないだら、出来上がり。

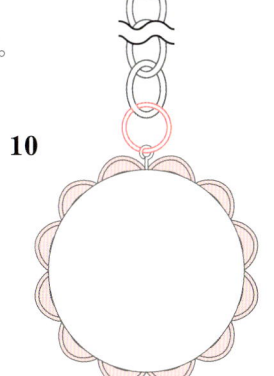

ピンク×柄のバッグチャームの作り方

用意する材料

<丸つまみに使う布>
1.5cm四方×①5枚（ピンク）
2cm四方×②33枚（柄）
2.5cm四方×③5枚（ピンク）

▶ 土台用の型紙はP108～にあります。

土台用布5.5cm四方、直径3.5センチ×各1枚
スチロール球（3.5cm）×1個
ビーズ適量
飾りビーズ大2個、小2個
シルクチェーン12cm×1本
丸カン大2個、小2個
カニカン大1個
Tピン4個
9ピン1個

作り方

1. 黄×ブルーのバックチャームと同様に土台を作る。
2. 布①～③で丸つまみをそれぞれ作ったら、底辺から1/4程の位置で端切りする。
3. 土台の中心から少しずらした位置に、③の布で作った丸つまみを5枚貼り付ける。
4. 3の中に①の布で作った丸つまみを貼り付ける。先端は3のつまみと合わせて貼るのがポイント。
5. ②の布で作った丸つまみを3のつまみとつまみの間に5個貼り付け、その間に2個ずつ貼り付け、合計15個を貼り3段目を作る。

次のページに続く ▶

7

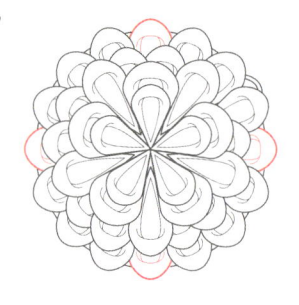

6 5のつまみとつまみの間に、②の布で作った丸つまみを差し込みながら12個貼る。これが4段目。

7 5段目は、空いているスペースに6個程、挟み入れる。半くすの土台の空いたスペースを埋めるイメージ。

8 つまみの中央にボンドを塗り、ビーズを4粒貼り付ける。

9 土台に9ピンを差し込む、チャームを付ける行程は同じ。

黒×赤×黄のバッグチャームの作り方

用意する材料

<丸つまみに使う布>
1.5cm四方×① 15枚(黄)
2cm四方×② 24枚(黒)

<重ね丸つまみに使う布>
2cm四方×③ 6枚(黒)
2.3cm四方×④ 6枚(赤)

<重ね剣つまみに使う布>
2cm四方×⑤ 3枚(白)
2.3cm四方×⑥ 3枚(赤)

土台用布 5.5cm四方、
　　　　直径3.5cm×各1枚
スチロール球(3.5cm)×1個
バッグチャーム(カニカン付き)
13cm×1本
リボンチャーム1個
ビーズ1個
花座1個
丸カン大1個、小3個
Tピン1個
9ピン1個

▶ 土台用の型紙は
P108～にあります。

4～5 　　6

作り方

1 黄×ブルーのバッグチャームと同様に土台を作る。

2 ③と④の布で重ね丸つまみを6個作る。底辺から1/4程の位置で端切りする。

3 2を横並びに先端同士をボンドでくっつけて、ハート型を作る。

4 土台の中心につまみの先端を合わせて、3を隙間を空けて、貼り付ける。

5 布⑤⑥で重ね剣つまみを3個作り、4の間に貼り付ける。

6 ①の布で丸つまみを15個作り、4のつまみの間に3個貼り付け、その3個それぞれを基点に縦に5個並ぶ様に貼り付ける。

7 ②の布で丸つまみを24個作る。空いているスペースを埋めるように、2列ずつ2段になるように貼り付ける。

8 つまみの中央に花座をボンドで貼り付け、さらにその上にビーズを貼る。

9 土台に9ピンを差し込み、丸カン大をつける。リボンチャームとビーズに丸カン小をつけ、バッグチャームとつなぐ。丸カン大で土台につけた丸カン小とバッグチャームをつないで出来上がり。

Column :

ARRANGE

つまみ細工をアレンジ
飾るつまみ細工 *decorate*

つまみ細工は、髪飾りやアクセサリーに使われることが多いですが、「インテリアとしてつまみ細工を飾れたら」とHIMEKOさんが新鮮なアイデアを提案してくれました。つまみで作るアートは、面の広い台紙を使って作るから、見た目よりも簡単に作れます。

用意する材料

①＜飾りに使う厚紙＞
2cm四方×2枚
3cm×1cm×1枚
4cm×1.5cm×2枚
3cm×2cm×3枚
4cm×1cm×2枚
5cm×1.5cm×2枚
直径4.5cm×1枚
（＊直径2.4cmの丸を切り抜く）

②＜土台＞
＊1枚づつ
13.6cm×12.1cm（色紙）
12.5cm×11cm（厚紙）

③＜月の土台になる布＞
直径6cm×1枚

④＜土台に巻くひも＞
アジアンコード31cm×2本

⑤＜飾りに使う厚紙を包む布＞
＊すべて1枚ずつ
2.5cm×6cm（紫）
3.5cm四方（紫）
3.5cm×6cm（紫）
3.5cm×7cm（紫）
2.5cm×5cm（グレー）
2.5cm×6cm（グレー）
4cm×5cm（グレー）

⑥＜土台を包む布＞
＊1枚づつ
16.5cm×15cm（表用）
14.5cm×13cm（裏用）

①＜丸つまみに使う布＞
1.9cm四方×13枚（白）

②＜剣つまみに使う布＞
2.3cm四方×4枚（黄）

③＜重ね剣つまみに使う布＞
2.3cm四方×50枚（黄）

④＜飾りパーツ＞
花座2個
ビーズ大1個
ビーズ小3個

▶ 土台用の型紙はP108〜にあります。

Column :

Step 1 : ビルと月のパーツを作る

1
紫とグレーの2色の布と、月の土台になる布をサイズ通りに切る。厚紙に巻き付けるので、多少ランダムに切ってもOK。すべて切ったら、飾る順番に並べる。左から、①3.5cm四方、②2.5cm×5cm、③3.5cm×6cm、④4cm×5cm、⑤2.5cm×6cm、⑥3.5cm×7cm、⑦2.5cm×6cm、の順番に並べる。

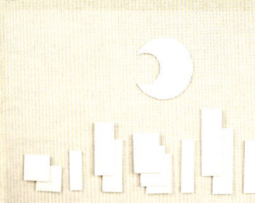

2
飾りに使う厚紙は、型紙を参考に切る。立体感を出すために、サイズごとに枚数を変えて、**1**の布にくるむ。下部は左から、①2cm四方×2枚、②3cm×1cm×1枚、③4cm×1.5cm×2枚、④3cm×2cm×3枚、⑤4cm×1cm×1枚、⑥5cm×1.5cm×2枚、⑦4cm×1cm×1枚の順番に並べる。

3
1の布の裏面にスプレーのりでのりを付ける。

4
ピンセットを使って、布の中央に厚紙を置く。

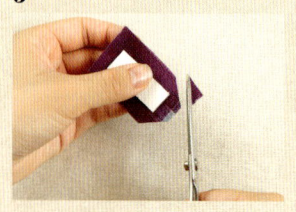

5
布の角から0.5cm程の位置で三角形に4角を切る。

6
切った状態がこちら。

7
布を内側に折り込む。台紙の側面にも布を貼り付けるように、しっかり指で押さえる。

8
布を厚紙に完全に折り込んで貼り付ける。

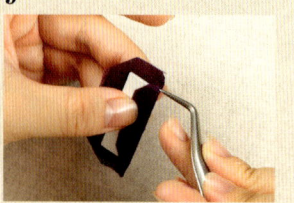

9
上部の側面にも布を沿わせる。ピンセットで押し付けるとキレイに仕上がる。

10
逆サイドも同様に行う。

11
布の上下部も、厚紙の側面にしっかりと沿わせながら折り込む。

12
1つ目が出来上がり。

13
①〜⑦までの厚紙を布でくるむ。2枚以上の厚紙を使う場合は、先に厚紙同士を貼り合わせておく。これでビルのパーツの出来上がり。

14
月の土台になる布にスプレーのりでのりをつけて、厚紙を中心に置く。

ARRANGE

15
布に十字に切り込みを入れる。厚紙から0.5cm離した位置まででとどめておくのがポイント。

16
布の外周に沿って、約1.5cm間隔で切り込みを入れる。切り込みは **15** と同様、厚紙の0.5cm手前でとどめておく。

17
切り込み1枚ずつ、中心に向かって折り込む。

18
三日月の内側を折り込む手前でいったん止める。

19
折り込む時に布がもたつかないようにバランスを見て、布を切ってから内側に折り込む。

20
すべて折り込んで、三日月の出来上がり。

Step 2 : 土台を作る

1
土台を包む布にスプレーのりでのりをつけて、土台の厚紙と色紙を貼る。

2
ビルのパーツと同様に、四角を切ってから、両サイドから順番に布を内側に折り込む。

3
厚紙の裏面にボンドを薄く伸ばし、色紙と貼り合わせる。

4
厚紙と色紙の上下の境目にアジアンコードを貼り付ける。厚紙の端を2cm程空けて、アジアンコードにボンドを少しずつ付けながら、土台に貼る。この面が裏面となる。

Column :

Step3 : 土台にパーツを貼り付ける

1 土台を表に返して、パーツを並べる。ビルのパーツはサイズがそれぞれ違うので、好みの配置でOK。パーツ同士をくっつけてもいいし、離すのもお好みで。

2 パーツにボンドを付けて土台に貼る。楊枝で均一に薄く伸ばしてから貼り付けること。

3 ビルのパーツひとつずつ貼り付けて、月のパーツを最後に貼り付ける。

4 アジアンコードに楊枝でボンドを付ける。ビルのパーツの上に貼り付けるので、パーツにも薄くボンドを付けておく。

5 アジアンコードが固定するまで、指で押さえる。

6 5のボンドが乾いたら、余りのアジアンコードを裏面に折り、裏面に貼り付けた境目でボンドで貼り付け、余分を切る。

7 全てのパーツを貼り付けた状態がこちら。

Step 4 : つまみを飾る

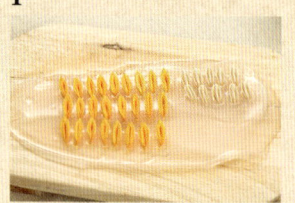

1 重ね剣つまみを25個、丸つまみを10個作る。

2 丸つまみを貼り付ける中心位置をチャコペンで印をつける。

3 中心位置につまみの先端がくるように、丸つまみを貼り付ける。

4 花のかたちになるように5個貼り付けた状態がこちら。

5 4の周りにさらに丸つまみ5個を貼り付ける。

6 重ね剣つまみを、月の下部分から外周に沿って7個、月の半分の位置を目安に貼りつける。

7 6の内側を埋めるように、同じ角度で重ね剣つまみを4個貼り付ける。

8 逆端から、月の外周に沿って剣つまみを8個貼り付ける。

ARRANGE

9
8と同じ様に、内側に6個貼り付ける。

10
花座を2個重ねて、強力接着剤で貼り合わせて、真ん中にビーズを貼り、丸つまみで作った花の真ん中に貼り付ける。

11
ビーズ小を重ね剣つまみの好きな位置に貼る。先に強力接着剤を置き、その上にビーズを乗せる。

12
剣つまみを4個作る。

13
剣つまみを飾りたい位置にチャコペンで十字に印をつける。

14
十字に沿って、剣つまみを貼り付け、中心にボンドでビーズを貼る。

15
ビルのパーツの好きな位置に3カ所チャコペンで印を付ける。

16
丸つまみを3個作る。

17
15で印をつけた位置に、先端を下に向けて丸つまみを貼り付ける。

18
ピンセットでつまみを整えたら、出来上がり。

土台の厚紙や布の型紙　　　❖ 正方形 ❖

2cm四方

2.5cm四方

3cm四方

3.5cm四方

4cm四方

4.5cm四方

5cm四方

5.5cm四方

7cm四方

❖ 長方形 ❖

2cm×1cm

3cm×1.5cm

4cm×1cm

5cm×1.3cm

2.5cm×0.9cm

3cm×2cm

4cm×1.5cm

5cm×1.5cm

2.5cm×1cm

3cm×1cm

3.5cm×1.3cm

4.3cm×1.3cm

6cm×2.5cm

6cm×3.3cm

5cm×4cm

5cm×2.5cm

6cm×3.5cm

6.5cm×2cm

7cm×3.5cm

6.5cm×3cm

9cm×6cm

8cm×4.5cm

6.5cm×3.5cm

❖ 長方形 ❖

8.5cm × 1.5cm

12cm × 4cm

10.5cm × 3.1cm

9.5cm × 2.1cm

16.5cm × 15cm

14.5cm × 13cm

13.6cm × 12.1cm

12.5cm × 11cm

❦ 円形 ❦

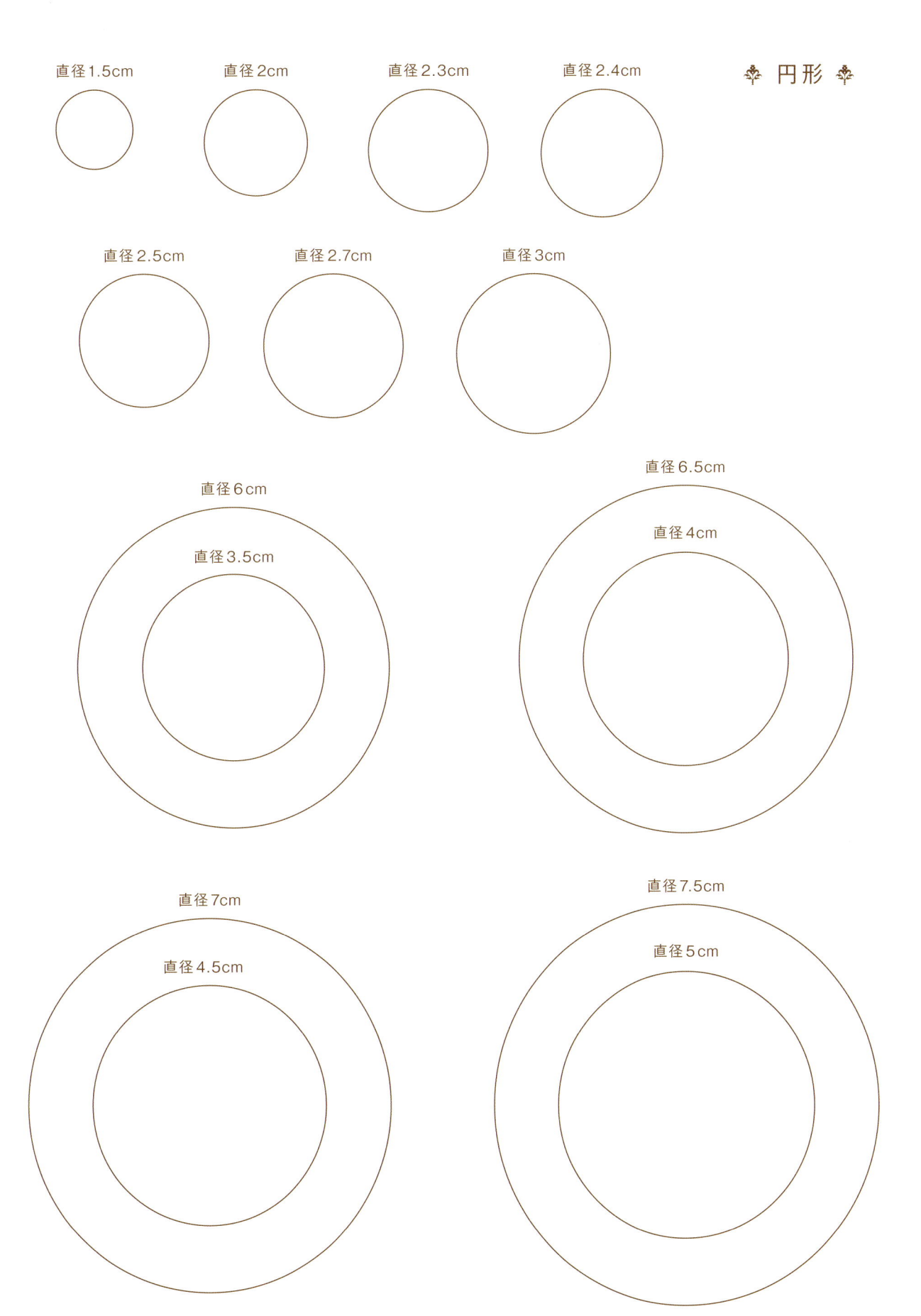

直径1.5cm

直径2cm

直径2.3cm

直径2.4cm

直径2.5cm

直径2.7cm

直径3cm

直径6cm

直径3.5cm

直径6.5cm

直径4cm

直径7cm

直径4.5cm

直径7.5cm

直径5cm

111

Staff

編集	森田有希子
撮影	熊原美惠、高見尊裕
装丁・デザイン	岡本佳子（Kahito Commune）
ヘアメイク	廣川亜弥
イラスト・型紙	原山恵
モデル	椎名りさ、杉本凪
撮影協力	パティスリー シュクル（http://www.p-sucre.com/）

オールシーズン使える髪飾り、アクセサリー

つまみ細工でできるオシャレな小物

NDC 594

2012年11月30日　発　行
2014年 6月15日　第 5 刷

編　者	誠文堂新光社（せいぶんどうしんこうしゃ）
発行者	小川雄一
発行所	株式会社 誠文堂新光社
	〒113-0033　東京都文京区本郷3-3-11
	（編集）電話03-5800-3614
	（販売）電話03-5800-5780
	http://www.seibundo-shinkosha.net/
印刷所	株式会社 大熊整美堂
製本所	和光堂製本 株式会社

Ⓒ2012 Seibundo Shinkosha Publishing Co.,Ltd.　　　　　　Printed in Japan

検印省略
禁・無断転載
落丁・乱丁本はお取り替え致します。

本書のコピー、スキャン、デジタル化等の無断複製は著作権法上での例外を除き禁じられています。
本書を代行業者等の第三者に依頼してスキャンやデジタル化することは、たとえ個人や家庭内での利用であっても著作権法上認められません。

Ⓡ〈日本複製権センター委託出版物〉本書を無断で複写複製（コピー）することは、著作権法上の例外を除き、禁じられています。本書をコピーされる場合は、事前に日本複製権センター（JRRC）の許諾を受けてください。
JRRC〈http://www.jrrc.or.jp/　E-mail：jrrc_info@jrrc.or.jp　電話03-3401-2382〉

ISBN978-4-416-31229-2